LE
NOUVEAU PARIS

PAR LE CIT. MERCIER.

VOLUME SECOND.

A PARIS, chez FUCHS, Ch. POUGENS, et Ch. Fr. CRAMER, Libraires.

CHAPITRE XXXVI.

BAILLY et quelques autres portraits.

Par quel bizarre mélange de vanité et de philosophie, d'esprit et de candeur, de bonhommie et de savoir, le premier astronome de son siècle, le citoyen le plus honnête, se trouva-t-il jeté dans le tourbillon d'une révolution qui le couvrit de gloire, et le conduisit à l'échafaud? Sa réputation, plutôt encore que ses talens quelque réels qu'ils fussent, l'avoit placé successivement au corps électoral, aux états-généraux, au fauteuil de la présidence, et à la tête de la première Commune de France; si le roi Bailly, comme on l'appeloit à la cour, à l'imitation de

Louis XVI, avoit montré tant d'énergie dans la séance du jeu de paume, par quelle flexibilité fut-il renommé pour la délicatesse de ses complimens? par quelle foiblesse souffrit-il que quelques misérables intrigans lui formassent une cour? Le plus humain des hommes pouvoit-il prévoir que sa bonté accoutumeroit le peuple qu'il vouloit flatter, à se plaindre de sa mollesse, à demander un jour aussi sa tête à lui-même, quand l'orgueil du Maire auroit fait abandonner l'honnête homme à la discrétion de ses vils courtisans, quand sa foiblesse auroit permis aux factieux de tout désorganiser? Ainsi la probité, la candeur d'un homme trop savant, trop philosophe et trop sensible peut-être pour occuper les premières places dans les orages d'une révolution, furent la première cause de tant de crimes atroces, dont le moins remarqué fut sa ruine.

Quelle agonie que celle de sa mort! quel courage que le sien! quelle grandeur d'ame dans ses derniers momens! Étoit-ce un homme ordinaire, celui qui traîné du Palais au champ de Mars, la figure couverte de boue et le visage brûlé avec les débris du funeste drapeau rouge, a vu déplacer de sang-froid le théâtre épouvantable de son supplice, parce qu'il plut à la foule de le prolonger? étoit-ce un homme pusillanime celui qui, de ce ton calme qui n'appartient qu'à la vertu mourante répondit sans aigreur à un de ces monstres à face humaine qui lui disoit ironiquement: tu trembles, Bailly?... C'est de froid?.....

Il mourut là, où jadis un décret lui avoit ordonné de publier la loi martiale, où les représentans de la nation lui avoient ordonné de repousser des factieux: il y mourut chargé de l'exécration du peuple, après en avoir été la plus respectable idole.

CAMILLE-DESMOULINS. Que penser d'un homme qui s'intituloit procureur général de la lanterne, lorsque les lanternes étoient des potences? qui se permettoit des plaisanteries sur ceux que le peuple y attachoit; qui faisoit des déclamations sanguinaires avec gaieté, et rioit spirituellement au milieu des atrocités des Danton et des Robespierre. Il alloit sans cesse de l'un à l'autre, et prétendoit les servir tous deux; tandis que les gens de bien les repoussoient, les détestoient également.

Les Jacobins de ce tems-là firent du procureur général de la lanterne un législateur; il fut petit, lâche et bas. Mais il n'étoit pas encore assez froidement cruel au gré de Robespierre. Celui-ci l'envoya à l'échafaud, parce qu'il avoit tenté seulement par la plume d'interrompre son règne de terreur, et Danton qui avoit sacrifié Brissot à Robespierre, fut dupe de cette impolitique méchanceté. On ne crut point à la clémence Dantonienne: le Septembriseur fut acculé et atterré comme un sot. Il dut porter à l'échafaud la rage concentrée de sa défaite qui lui fut prédite par plusieurs. Mânes de Septembre! vous appelez encore plusieurs de vos assassins; attendez, attendez, tous seront punis.

Ce fut Paris qui nomma tous ces monstres d'ineptie et de cruauté qui tuèrent la révolution en la faisant abhorrer, et qui ne surent pas du moins pour leur propre sureté n'être cruels qu'une fois.

Pâche. C'étoit encore un Suisse: il fut plus fatal à la France qu'une armée ennemie. Il étoit dans le secret de tous les adversaires de la patrie attaquée par la Gironde, défendue par le parti de la Montagne: il se mit à la tête d'une association monstrueuse qui s'étoit formée des principaux auteurs des massacres de Septembre. Ces hommes sans aucune espèce de fortune, vivoient cependant dans une sorte de luxe qui quoique extrêmement crapuleux, exigeoit néanmoins de très-fortes dépenses : qui payoit ces brigands ? Pache ; et où délibéroient-ils ? dans la salle des Jacobins pendant leur absence. Ils étoient aux Jacobins ce que les Capucins étoient aux Jésuites, émissaires, espions. C'est de cette horde que sont sortis la plupart des coupe-jarrets qui ont causé tant de désordres dans Paris et dans ses environs. Il en sortit aussi des écrivains ; quels écrivains ! ..... On vit les rues de Paris couvertes d'adresses et de pétitions toutes plus atroces les unes que les autres. Les gens sensés méprisoient ces placards, mais la populace les lisoit, et on l'entendoit s'absoudre du sang qu'elle avoit bu. Ces brigands subalternes eurent l'audace de demander le rapport du décret qui ordonnoit la poursuite des Septembriseurs. Il y eut opposition courageuse de plusieurs députés. Il y eut une lutte qui dura pendant plus de deux heures. Ce jour-là la Montagne sembloit vouloir s'écrouler toute entière sur les députés généreux. Ceux-ci furent vaincus. La Convention nationale ordonna que l'exécution de son premier décret contre les Septembriseurs seroit suspendue. De ce jour, la porte fut ouverte à l'impunité, et tous les protecteurs d'assassins marchèrent tête levée.

JOSEPH LEBON. Imaginez un prestolet faisant le catéchisme ; c'étoit l'image de ce jeune Verres qui aspiroit à se faire nommer le petit Robespierre. Celui-ci voyant en lui un fidèle, lui confia le soin de désoler la ville d'Arras qui les avoit vus naître. Il étoit proconsul dans un âge où l'on est encore un mauvais précepteur. Il fut de tous les Commissaires de la Convention, la bête féroce la plus anthropophage, et ça devoit être ; il étoit prêtre, et il agissoit contre ses compatriotes, témoins de son abjection passée. Il s'étoit fait un état-major de bandits à bonnets rouges et à moustaches. Tous les jours après son diner il assistoit au supplice de ses victimes; il suspendoit même quelquefois le coup mortel pour leur lire une gazette. Je ne l'avois point vu à la Convention, parce qu'il n'y étoit entré que comme suppléant trois mois après le 31 Mai. Je ne sais pourquoi l'on envoya ce monstre dans la même prison où étoient les 73. En le voyant entrer je ne lui dis que ces mots: toi, si jeune, et si cruel!

C'étoit le Séide de Robespierre; et le plus grand de ses forfaits, c'est d'avoir infusé sa doctrine dans cette ame novice, et de l'avoir familiarisée avec des crimes nouveaux.

Carrier. C'est en rêvant la fraternité de Lycurgue, qu'il associa dans la mort les individus de différens partis, et qu'il ordonna ces mariages républicains, terme de la dérision sanguinaire. On ne le croiroit pas, mais il le disoit à qui vouloit l'entendre: nous ferons un cimetière de la France, plutôt que de ne la pas régénérer à notre manière, et de manquer le but que nous nous sommes proposé. Il fut fidèle à sa parole. Il vouloit la France réduite au quart de sa population, la souveraineté de la canaille, et le partage des terres. Il étoit dans le secret de cette horrible guerre de la Vendée. Le but secret étoit d'accomplir le traité fait avec l'étranger pour lui livrer les débris d'un royaume épuisé. De tels forfaits ne se conçoivent pas; mais ceux qui pouvoient arrêter la guerre de la Vendée, et qui ne l'ont pas fait; ceux qui l'ont favorisée; ceux qui entravoient, persécutoient les généraux habiles qui travailloient de bonne foi à la détruire; ceux qui envoyoient un Bourreau à des hommes que la douceur eût reconquis, étoient les seuls dépositaires de ce terrible secret. La Loire est encore grosse des pleurs et du sang qu'il a fait couler. Je ne parle de ce monstre que pour dire qu'en montant à l'échafaud en place de Grève, il entendit les sons d'une clarinette qui célébroit sa mort: il fut témoin de la joie parisienne, et sa tête est tombée. Comme ce n'étoit plus un homme, les Parisiens ne seront pas entachés de ce témoignage d'allégresse.

Robert Lindet. Parmi les atrocités que rappelle la journée du 10 Mars 1793, celle imaginée par un député nommé Robert Lindet, est au-dessus de tout ce que les tyrans peuvent avoir imaginé de plus astucieusement barbare. Voici ce qu'il proposa:

„Le tribunal extraordinaire sera com-
„posé de neuf membres; ils ne seront
„soumis à aucune forme pour l'ins-
„truction; ils acquerront la conviction
„par tous les moyens possible.

„Le tribunal pourra se diviser en
„deux sections; et il y aura toujours
„dans la salle destinée à ce tribunal, un
„membre chargé de recevoir les dénon-
„ciations.

„ Le tribunal jugera ceux qui auront „ été renvoyés par décret de la Convention.

„ Il pourra poursuivre directement „ ceux qui, par incivisme, auroient „ abandonné ou négligé l'exercice de leurs „ fonctions; ceux qui par leur conduite „ ou la manifestation de leurs opinions, „ auroient tenté d'égarer le peuple; ceux „ dont la conduite ou les écrits, ceux „ enfin qui par les places qu'ils occupoient „ dans l'ancien régime, rappellent des „ prérogatives usurpées par les despotes."

Qui pourroit le croire? le parti qui s'étoit déclaré républicain par excellence, le protecteur exclusif de la liberté la plus étendue, la plus illimitée, applaudit avec enthousiasme à cette conception diabolique, et demanda que sur le champ on en fît une loi. Philippeaux, qu'à sa mort on a couvert de tant de lauriers et de tant de cyprès, s'en déclara l'apologiste; Vergniaux l'attaqua avec indignation, la repoussa avec horreur; Cambon la combattit; Barrère lui-même la traita comme une monstruosité que les despotes les plus déhontés n'auroient su imaginer dans le plus noir accès de leur rage. Après beaucoup de débats, le projet de Lindet fut abandonné.

Duport-Dutertre. Spirituel, aimable et complaisant, il n'eut que des passions douces, un ton modeste et des manières affables avec tout le monde. Sa profession étoit celle du barreau; et quand la révolution, en l'appelant aux fonctions de lieutenant de Maire, à l'organisation de la commune de Paris, lui eût fourni l'occasion de faire approuver sa gestion, il fut le premier ministre que le roi voulut choisir dans la bourgeoisie. L'opinion publique proscrivoit tous les autres : elle applaudit au choix de celui-ci; et pendant le très-long cours de son ministère, eu égard à ceux qui l'avoient précédé ou qui l'ont suivi, il ne lui fut reproché ni orgueil, ni abus d'autorité. Ses fonctions pourtant avoient été aussi épineuses que brillantes : car la fuite du roi à Varennes l'avoit rendu la première personne de l'état ; mais il tenoit autant à sa modestie qu'à ses habitudes : son élévation ne l'avoit point étourdi, et il aimoit à descendre quelquefois dans le modique logement qu'il occupoit avant de monter à l'hôtel du garde-des-sçeaux. C'étoit comme un asile qu'il eût craint de ne plus retrouver, quand le jour des grandeurs seroit éclipsé.

Les événemens du 10 Août auxquels il n'avoit pris aucune part, l'enveloppèrent comme tant d'autres dans le décret d'accusation qui le traduisit dans les prisons d'Orléans pour y être jugé par la haute cour nationale. Echappé comme par miracle au massacre des prisonniers de cette ville, que les assassins de Septembre allèrent égorger, pendant qu'on les transféroit, Duport vint treize mois après apporter sa tête innocente au tribunal de Robespierre. Un même acte d'accusation lui avoit donné pour compagnon d'infortune l'illustre et malheureux Barnave. Leur cause n'avoit rien de commun; ils se connoissoient à peine, et leurs principes n'avoient guères de ressemblance peut-être; mais une seule victime ne suffisoit pas pour chaque fois à ces bourreaux; ils les accouploient au hazard, comme pour accoutumer le peuple à les voir dans la suite accumulées par centaines, quoiqu'elles ne se connussent que par le jugement qui les avoit convaincues de complicité. Duport eut beau démontrer son innocence, il eut beau produire les preuves écrites par Marat même, pour rendre témoignage de son patriotisme et de son respect pour la liberté de la presse, ses juges étoient si avides de son sang, que le premier juré qui vota, oubliant que les questions étoient individuelles, s'écria avec fureur en prononçant la formule: *sur mon honneur et ma conscience, les accusés sont convaincus....*

La déclaration de ce jury fut unanime; et quand Duport eût entendu son arrêt: „Les révolutions tuent les „hommes, dit-il, la postérité les juge...“

Péthion. Il avoit une contenance fière, une figure assez belle, un regard affable, une éloquence douce, des mouvemens, du talent et de l'adresse; mais ses manières étoient composées, ses yeux se doubloient, et il avoit dans les traits quelque chose de luisant qui repoussoit la confiance. Dès les premiers jours de la constituante, il y figura, parce qu'il parloit bien et qu'il étoit membre du tiers. Ami inséparable de Robespierre, leurs principes étoient alors si conformes et leur intimité si marquée, qu'on les appeloit les *deux doigts de la main*. On continua à les mettre sous la même accolade, jusqu'à la fin de 1792. Il est vrai qu'à cette époque ils se détestoient déjà cordialement l'un et l'autre. Robespierre n'étoit plus rien, il ne vouloit même rien être, parce qu'il se réservoit pour l'anarchie: car il n'étoit pas fait pour briller dans une carrière purement constitutionelle. Péthion au contraire avoit abandonné l'Angleterre où il vivoit avec madame de Genlis, pour succéder à Bailly dans les fonctions de Maire de Paris; et il s'étoit acquis dans cette place une telle popularité, sur-tout après sa destitution à la suite des événemens du 20 Juin, que Robespierre n'étoit plus en état de lui pardonner l'idolâtrie qu'on lui portoit. Il ne le regarda plus qu'avec envie; ce n'étoit plus à ses yeux qu'un rival, puisque le peuple crioit: vive Péthion! Péthion ou la mort! puisque cette exclamation se lisoit sur tous les chapeaux, sur toutes les murailles.

Péthion cependant tenoit trop bien, pour qu'on pût l'attaquer ouvertement; aussi joua-t-il un grand rôle au 10 Août. Il avoit plusieurs fois visité tous les postes du château, pendant la nuit qui précéda cette journée célèbre; et ces soins n'avoient pas été perdus puisqu'ils en avoient assuré le succès. Mais les jours de Péthion étoient si précieux alors, qu'un décret lui défendit de s'exposer davantage; et l'on vit long-tems sur les portes du château cette inscription: „Ici le Maire de Paris eût été as„sassiné, si un décret du corps législatif „n'eût sauvé ses jours.“

Il étoit encore Maire de Paris pendant les boucheries de Septembre: mais les conjurés l'avoient consigné à la Mairie; en sorte qu'il étoit pur de ces massacres. Quand Manuel fit à la Convention nationale la proposition de donner à son président une garde d'honneur, et un logement aux Tuileries, Péthion venoit d'être porté à la présidence. A la formation de l'Assemblée, certaines gens disoient qu'il visoit au trône, et quantité d'autres desiroient qu'il y montât. Mais tout-à-coup il devint un objet de haine

Il fut mis hors de la loi à la suite du 31 Mai; et l'on ne sait ce qu'il est devenu. Il est mort sans doute misérablement, puisqu'il n'a point reparu au rappel de tous les proscrits.

Lacroix. Devenu de simple avocat de campagne, colonel et maréchal de camp en deux ou trois mois, possesseur de riches propriétés, complice de Danton, il fit semblant de dénoncer, d'accuser Dumouriez, avec lequel il étoit d'intelligence; et il favorisoit ces tribunes où dominoient le souverain massacreur, les Bacchantes, les coupeurs de tetes, ainsi qu'il protégeoit tous ces mouvemens désordonnés des sections; tandis que son ami Fabre d'Eglantine, poëte pauvre avant le 2 Septembre, qui ne connoissoit que des assignations au lieu d'assignats, possédoit de quoi soutenir son hôtel, sa voiture, ses gens et ses filles.

Il fut un des grands oppresseurs de la Convention pure dans sa très-grande majorité. Il gêna ses mouvemens; il se rangea du côté de ceux qui poussoient des cris, des rugissemens, qui parloient sans cesse de *sans-culotterie*; il caressa une municipalité coupable en état de révolte ouverte. Enfin il fut un des plus ardens provocateurs à l'anarchie, et toujours prêt à couvrir les assassins de sa voix Stentorienne.

En supposant que les adversaires de ces anarchistes eussent eu quelques torts, on n'en comptera pas un seul qui se soit enrichi depuis la Révolution. Ils ont évité tous les comités dans la main desquels étoit réellement le pouvoir.

Lacroix avoit été décoré de la croix de St.-Louis le 4 Août 1792, et cela ne put ouvrir les yeux à tant de Parisiens stupides. Il fut impossible dès-lors de réprimer les vociférations des tribunes, les menaces des coupe-jarrets, les attentats du club des Jacobins, les usurpations de la municipalité.

Un militaire osa dire (je l'ai entendu): voulez-vous savoir le moyen de sauver la Patrie? je vais vous le dire. J'ai bien étudié la Convention; elle est en partie composée de scélérats dont il faut faire justice, et pour cela il faut tirer le canon d'alarme et faire fermer les barrières.

Bentabole qui présidoit fait semblant de ne pas apercevoir cette provocation à l'assassinat, et complimente le militaire. On lui crie qu'il est un modéré et un Feuillant.

C'est parce qu'on n'a point vu dans les départemens la lutte opiniâtre des vrais républicains contre cette société de Jacobins entièrement abandonnée de tous les vrais Patriotes, de tous les hommes instruits, de tous les députés qui méritoient quelqu'estime et avoient quelque pudeur, qu'on a jugé très-faussement que la Convention avoit été foible: elle fut forte, courageuse, intrépide jusqu'au 31 Mai. Les 73 combattirent encore sur la brèche, paralisèrent des projets de décrets homicides, inspirèrent une sorte de crainte à la municipalité de Paris, la tinrent du moins en respect, et ce ne fut qu'à leur retraite, qu'après leur enlèvement forcé que la digue fut rompue, et que tous les crimes inondèrent la France. Le peuple de Paris fut puni de n'avoir su ni les connoître ni les défendre, d'avoir vu lâchement ce dernier attentat qui donna le signal de toutes les violences et de toutes les cruautés.

Il est tems de dire la vérité toute entière : Robespierre et Marat ne furent pas encore les plus criminels. Voyez Collot-d'Herbois à Nice et à Orléans, Tallien à Tours, Billaud-Varennes aux armées ! Le Prussien Anacharsis Cloots, applanissoit la route de Fréderick Guillaume. Et nous, amis de la patrie, qui avions en horreur l'exagération dans les mots, la férocité dans le langage, parce qu'elles sont toujours en raison de la lâcheté, nous ne rencontrâmes dans l'esprit du Parisien que la peur de se ranger de notre côté: et lorsqu'il y avoit un Condorcet et un Brissot, ce fut un Marat et un Chaumette dont on suivit les étendards!

Il y a plus: lorsque nous dénoncions la confédération de Pilnitz, nous étions les complices de l'invasion de l'ennemi; enfin nous avions livré Valenciennes au duc d'York; Condé, Lequesnoy, Landrecy à l'empereur; et quand le roi de Prusse qui avoit loué des loges à l'Opéra entreroit dans Paris, c'étoit nous qui devions au spectacle être derrière sa majesté.

Voilà ce qu'a cru le Parisien, et la base d'une accusation qui a envoyé sur les échafauds ou dans les cachots les incorruptibles amis de la liberté et de la gloire nationale.

L'ennemi qui menaçoit Paris de sa ruine, jouissoit de cette funeste erreur; il savoit bien où étoient les traîtres. Les Parisiens toujours aveugles n'ont point encore appris à les distinguer des hommes probes et courageux, tandis que l'Europe entière les distingue.

DUMOURIEZ. On est fondé à croire qu'il n'est devenu traître, qu'après avoir essuyé un grand revers, et que les injures de Marat ne l'ayent déterminé à se séparer d'une Convention qui portoit dans son sein un tel homme. Le retour des commissaires près l'armée de la Belgique répandit l'alarme la plus profonde. Je puis attester qu'elle fut générale. On ne parloit rien moins que de faire lever en masse la Nation entière. On craignit de voir renouveller les massacres du 2 Septembre, car on crioit beaucoup plus haut contre les riches et les modérés, que contre les Prussiens et les Autrichiens.

Tous les spectacles furent fermés : et l'on profita de ce premier moment de terreur pour poser les bases du tribunal révolutionnaire. L'organisation de ce fameux tribunal vint avec l'apparition de Lacroix et Danton. Buzot combattit cette proposition comme constitutive du despotisme le plus monstrueux; il ne fut pas écouté. Ainsi la défaite de Dumouriez donna gain de cause au parti de la Montagne, qui sut toujours mettre à profit tous les événemens. Son adresse consista sur-tout à paroître moins audacieux quand le danger l'environnoit; et ses adversaires naturellement bons et ennemis des violences, étoient destinés à payer bien cher cette indulgence et cette sécurité.

Dumouriez perdit la tête en arrêtant les quatre représentans du peuple. C'étoit un attentat si misérablement inutile, qu'on ne sauroit l'attribuer qu'à cette démence que fait naître la fureur: Paris d'ailleurs fut très-insensible à cette arrestation. Cependant plusieurs croyent que Dumouriez fut traître pendant, avant et après qu'il s'étoit rendu de la coalition.

Abbé Maury. Je l'ai beaucoup connu: simple prestolet, il nourrissoit déjà l'idée de s'élever aux premiers rangs de la hiérarchie ecclésiastique; il m'entretenoit de son élévation future lorsqu'il n'avoit pas de quoi dîner. Il me disoit: j'entrerai à l'académie française bien avant vous; et il n'avoit pas encore écrit, même un mauvais sermon. Ses premières productions sont ce qu'il y a de plus mauvais et de plus obscur dans aucune langue. Mais il étoit né avec un esprit d'académicièn, un talent de prédicateur, et une audace d'antichambre. Il avoit grande confiance dans sa faconde parce qu'il l'avoit exercée avec succès sur plusieurs hommes médiocres, et qu'il avoit pris du prêtre tantôt le ton souple, le ton élevé, le ton onctueux; car il aimoit à faire le prêtre.

Il a rendu à la révolution le plus grand des services; car c'est lui qui a fait le clergé opiniâtre et récalcitrant, et qui en l'engageant à ne point ployer, l'a fait rompre. C'est encore lui qui mit dans la tête de tous les nobles ce système d'émigration le plus extravagant, le plus impolitique et le plus lâche de tous ceux que l'on pouvoit choisir. Ce beau système passa jusques dans la tête du Monarque; et c'est d'après ses documens qu'il se mit à ruser comme un écolier qui veut se dérober à son préfet. Il se déguise en valet de chambre, et lorsqu'il est dans la voiture partant avec toute sa famille, ils se prennent tous à rire de la surprise, de l'étonnement, de la prétendue douleur des Parisiens quand ils apprendront qu'au lieu d'assister à la procession du St.-Sacrement, comme ils s'y attendoient, la nichée s'est envolée, qu'elle est allé trouver les bottes du général Binder.

Tarquin chassé de Rome eut une posture moins humiliante; mais le nouveau Tarquin, il faut qu'il dîne en route; il est encore affamé de côtelettes, il mange comme un roulier. Vainement la reine veut lui faire ajourner sa goinfrerie; il arrive trop tard au rendez-vous de Bouillé et de son régiment. Voilà que six hommes arrêtent la voiture; il craint pour sa chère bédaine, et il crie le premier *arrêtez!* il passe dans la boutique de Mr. Sausse, marchand Chandelier, qui y voit clair et qui ne se mouche pas du pied. Mr. Sausse fait son devoir droit comme un cierge.

Que le Blondinet (c'est ainsi que Lafayette étoit désigné à la cour) ait eu le plaisir malin, le plaisir cruel du chat qui laisse troter la souris pour tomber d'un saut sur elle, qu'il ne l'ait pas eu, toujours est-il vrai que l'abbé Maury avoit inspiré à toutes les maîtresses têtes de ce temps-là le projet de fuir, qu'il est l'inventeur de l'émigration, et qu'elle fut adoptée par celui-là même qui pouvoit si facilement se séparer d'une haute et insolente noblesse, laquelle n'avoit cessé de l'injurier et de le mépriser.

De tous les émigrés un peu de marque, l'abbé Maury et Choiseul-Gouffier sont les seuls qui ayent eu de l'esprit ou une heureuse fortune; le premier est devenu cardinal, et le second s'est fait sous le nom de Paul premier, empereur des Russies.

Mais il y en a un plus sage et plus heureux; il s'est fait cordonnier pour femmes à Hambourg.

Legendre (de Paris). Lors du procès de Louis XVI, il s'avisa de dire: Voilà bien des formules, des lenteurs; qu'on le mette à mort, qu'on le coupe en 83 morceaux, et qu'on l'envoye ainsi aux quatre-vingt-trois départemens. Il crut avoir touché le sublime de l'éloquence Montagnarde; il fut accueilli d'un grand éclat de rire. J'étois à côté de lui lorsqu'il proféra ces paroles, et je me disois: Elles vont faire horreur, et l'on attribuera à tous les membres de la Convention la bêtise d'un seul homme auquel on ne peut fermer la bouche. Par quelle fatalité me trouvé-je assis à côté d'un Legendre et d'un Laurent Lecointre! Ils parlent de liberté et ils ne savent pas lire!

Legendre étoit brutal, non parce qu'il étoit boucher, mais parce qu'il avoit cru que la brutalité entroit dans la composition d'un républicain; et celui-là n'étoit-pas républicain, qui ne mugissoit pas comme un taureau, et qui ne faisoit pas des gestes comme pour assommer un bœuf. Il ne pouvoit parler ou gesticuler autrement. Les violences de ce Legendre ont été telles, qu'il voulut plusieurs fois frapper Lanjuinais et le jeter en bas de la tribune.

Après la rentrée des 73, nous demandâmes dans une Assemblée particulière, le rappel des vingt-deux mis hors de la loi. Je portai la parole: Legendre s'y opposa et dit: je mourrai plutôt à la tribune; eh bien! lui dis-je, tu y mourras!

Il se tut, ainsi que sa clique infernale, et les vingt-deux furent rappelés, c'est-à-dire, ceux qui existoient encore; et tous ces hommes vertueux ont abattu peu-à-peu le monstre anarchique. Ce fut Legendre qui dénonça Condorcet, en l'accusant faussement d'avoir cherché à soulever le département de l'Aine.

CAMBON. La loi proposée par Buzot, qui force chaque député à donner le bilan de sa fortune depuis l'Assemblée législative et constituante, et de justifier des causes de son accroissement, a toujours reçu sa plus forte opposition de la part des Montagnards. Cambon la trouvoit mauvaise, lui qui affectoit à la tribune de flatter la multitude. Dès qu'on touchoit cette corde, on étoit un allié de Pitt. Jamais on ne put mettre en vigueur la loi qui leur auroit fait vider les poches. Nous ne refusions pas, nous, le Bilan de notre fortune.

Cambon exerça une dictature financière: il a commencé le premier à se jouer de l'émission des assignats. Il vouloit proscrire l'agiotage; et pourquoi Cambon n'a-t-il pas fait fermer la Bourse plutôt, comme Clavière n'avoit cessé de le demander depuis 1791? C'étoit aller droit à la source du mal. C'est Cambon qui a paralisé et persécuté le talent et le génie de Clavière, parce qu'il connoissoit sa supériorité sur ces misérables plagiaires qui lui prêtoient leur étroite conception, en lui suggérant des expédiens ruineux ou illusoires.

Le désastre de nos finances fut encore l'ouvrage des Montagnards; et si l'un deux faisoit mine de dénoncer de petits dilapidateurs à la tribune, c'étoit pour se réserver le droit de favoriser le chef des dilapidations. Pourquoi resta-t-il si long-tems à la tête des finances? C'est qu'il fut le complice des anarchistes qui étoient encore des fripons, et que depuis il s'est coalisé avec eux.

Marat. Ce misérable né dans le comté de Neufchâtel en Suisse, d'abord mendiant, puis Empirique, qui réunissoit la bassesse de la figure et du stile à celle du caractère et de l'esprit, et dont l'insolence à la tribune étoit encore un ridicule, qui en fut supérieur qu'à ses valets, occupera néanmoins plus d'une page dans l'histoire, et par son inconcevable déité et par sa mort qui fit descendre dans la tombe une jeune héroïne. L'histoire dira donc que si ce vil démagogue, qui a entaché le Panthéon et tous ceux qui l'y conduisirent, poussa une multitude aveugle au pillage et au crime, il n'eût pas osé lui-même prêcher l'athéisme. Il y eut donc quelque chose de plus abominable au monde que Marat; ce fut l'esprit de Chaumette et d'Hébert, je dis *l'esprit Jacobin, Cordelier.* L'hypocrite Robespierre sentit bien qu'il auroit pour lui l'assentiment du genre humain en terrassant ces malheureux: mais en recréant l'Etre-suprême, il n'en eut pas moins la phisionomie d'un impie. Pourquoi? C'est qu'en effet il s'étoit substitué ce jour-là au Dieu qu'il vouloit faire reconnoître.

Foulon. Foulon pendu en place de Grêve, décapité et puis traîné dans les rues, avoit vécu de manière à ce qu'on ne pût presque pas le plaindre. Je ne sais s'il prévoyoit son sort, mais il avoit non-seulement fait répandre le bruit de sa mort, mais même donné le spectacle de son propre enterrement dans sa terre d'Houvion. On y porta le cadavre d'un domestique mort chez lui, qui passa pour le sien, et fut inhumé avec les honneurs dus à un seigneur de terre. Il laissa plusieurs millions et un nom détesté.

On avoit trouvé un porte-feuille de Mr. de Berthier-Sauvigny, dans lequel étoit renfermée sa condamnation. Il étoit allé dans sa généralité pour retirer des lettres concernant l'affaire des bleds, si funeste et si mal éclaircie. Ce sont les paysans de sa campagne qui l'ont arrêté; des soldats se sont joints à eux, et ont formé cette formidable escorte qui l'a amené à l'hôtel-de-ville. Lafayette s'est mis à genoux pour obtenir le tems de le juger, et n'a pas été écouté: la fureur étoit telle, qu'on ne s'est pas même donné le temps de le pendre.

La Harpe - Bonnet - rouge. Le symbole de la liberté qu'on vénéroit au commencement de la révolution, a depuis été profané: je l'ai vu sur la tête de *Dumouriez*.

Dans une des séances du Lycée républicain, *La Harpe*, en perorant avec chaleur, dit: „On prétend que le *Bonnet* „*rouge* raffermit les têtes républicaines. „Je déclare qu'il fait fondre la mienne.“ Il l'ôta.

Le lendemain parut une affiche.

A vendre.

Un *Bonnet rouge*, doublé de taffetas tricolor, avec une riche houppe de soie. S'adresser au portier de *Panckouke*, et demander le *petit* Lucain. On le trouvera nuit et jour à son bureau. Il recevroit en échange une perruque à trois marteaux dans le genre académique. On feroit d'ailleurs la remise au libraire, si l'acquéreur du *Bonnet rouge* vouloit souscrire pour le *Harpiana*, ou recueil des bons-mots de l'auteur de *Gustave*. Cet ouvrage est imprimé: il auroit déjà paru; mais l'éloge que l'auteur doit en faire dans quelques journaux qu'il rédige, ne l'est pas encore.

L'ABBÉ DE BOISLAURETTE. Il fut curieux: aumônier de la garde nationale parisienne, il qualifia le vœu de continence des ecclésiastiques, de vœu insensé, sacrilége, anti-social etc. „Mais „s'écrie-t-il éloquemment, quelle puis„sance pourra relever de ce vœu? Rome? „Dans cette sainte cour, on ne termine „rien. Les affaires s'y font si len„tement,.... si lentement!.... Et notre „mariage est si pressé, si pressé! et moi, „comme l'un des aumôniers de l'armée

„ parisienne, je suis si pressé, si pressé „ de lui donner un bon soldat!... Sor„ bonne, prends tes fourrures, assemble„ toi et prononce. Censure si tu veux, „ excommunie, anathématise; je ne crains „ point ta foudre. *Vel duo, vel nemo;* „ voilà la seule thèse que je te présente; „ elle est sacrée, elle est sublime: si tu oses „ la déchirer, le roi de la nature te con„ damne et m'approuve. Avec son appro„ bation, je me passerai de la tienne."

Comment la religion, la religion de celui qui a maudit le figuier stérile, a-t-elle pu faire un crime d'un plaisir que les *anges bénissent autour du lit nuptial, en se couvrant le visage de leurs aîles, de peur sans doute d'envier à la terre un bonheur qui n'est pas celui du ciel?* Est-il donc si facile d'écraser son cœur sous les marches du *sanctuaire?* Ils domptoient leurs corps, les Bernard, les Benoît, les Dominique; mais c'étoit dans des étangs glacés, sous des cercles de fer, sur des épines et des orties.

Leur peau sous la discipline devenoit le cuir d'un Nègre. Ils disoient tous que c'étoit un plus grand miracle de conserver sa virginité, que de ressusciter un mort. Aussi Brigitte assure-t-elle que de son vivant elle a vu en enfer beaucoup d'ecclésiastiques, *qui avoient tourné au préjudice de l'espèce, l'attrait donné pour la multiplier.* C'est m'expliquer le mot de Saint-Basile: *Je ne sais ce que c'est qu'une femme, et pourtant je ne suis pas vierge.* Le Prieur des Chartreux avoit permis au novice *Seguier* de sonner la cloche toutes les fois qu'il éprouveroit des accès de concupiscence, afin que ses confrères se missent en prières. La communauté se lassa de prier, et l'enfant de *Bruno* sentit qu'il auroit moins de mal à devenir chancelier de France.

„ Si le clergé encore fier et hypocrite, „ toujours jaloux de l'inutile réputation „ des Saints, dit M. Manuel, dont j'em- „ prunte cet article, prétendoit que ceux „ qui tiennent un Dieu dans leurs mains,

„ et voient des reines à leurs pieds, ne „ doivent pas descendre jusqu'aux besoins „ du vulgaire, je vais dévoiler les œu„ vres libertines de ces célestes mission„ naires, qui dévouent à l'enfer les „ passions des ames honnêtes et sen„ sibles. J'ai en main la lettre de *l'Ins*„ *pecteur*, le verbal du *Commissaire*, la „ confession signée du délinquant et la „ reconnoissance de son supérieur à „ qui on les ramenoit sans doute quand „ il n'avoit pas de quoi acheter sa „ grace. etc. etc."

L'auteur que je viens de citer donne ensuite la liste nombreuse, plaisante et authentique de tous les *tonsurés* pris en flagrant délit par la police, dans les endroits où canoniquement ils ne devoient pas se trouver.

DESPRÉMESNIL. Lorsque la cour tint un parlement prisonnier dans le sanctuaire de la justice, et porta la hache sur la porte de ce tribunal dont la modération vouloit lui épargner le coup qui la renversa (car c'est par ce coup que le trône fut véritablement frappé), ce conseiller au parlement de Paris jouoit un rôle. Il détermina peut-être le premier choc de la révolution. Il s'étoit dévoué sous le despotisme de la cour avec un courage digne d'un vrai Romain ; mais il étoit noble, député de la noblesse ; et après avoir soulevé tous les parlemens contre l'autorité royale, il en redevint l'humble valet.

Ce changement ne fut pas rare parmi tant d'hommes qui sembloient nés pour être républicains. Mirabeau revenoit sur ses pas lorsque le poison l'arrêta. On eût dit qu'il se souvenoit du comité des trente tyrans d'Athènes, qui pesa encore beaucoup plus sur la république qu'un seul Pisistrate.

On attribue le changement de Desprémesnil à un bon-mot de Madame de Polignac, qui dans un dîner de parade avoit dit hautement : qu'on mît les sçeaux devant M. Desprémesnil. Elle parloit des sçeaux à rafraîchir, et l'on débita qu'il avoit cru voir dans ce calembourg le présage de sa nomination au ministère de la justice.

Il fut petit dès qu'il ne se trouva plus dans un corps de magistrature; et la tribune qui a tué tant d'hommes réputés pour être éloquens, ne laissa voir qu'un conseiller au lieu d'un orateur.

Il fut souffletté à la journée dite des poignards; et à son retour de Coblentz, reconnu sur la terrasse des Feuillans, il faillit devenir la victime du peuple. Péthion vint le débarrasser: Péthion étoit alors dans toute sa gloire: Desprémesnil tout en sang dit au Maire de Paris qu'il n'aimoit pas: *Et moi aussi, Monsieur, j'ai été porté en triomphe par le peuple.*

PITT et COBOURG. Ces deux noms ont été répétés jusqu'à la satiété. Il n'en est pas moins vrai que Pitt a été le plus déterminé soudoyeur qu'on ait encore vu dans les annales du monde; il aura perdu ses guinées. Renard Pitt a été dans son genre, a été dans son rôle aussi opiniâtre et aussi borné que le fut Robespierre: sa haîne n'avoit qu'une direction; elle ne fut ni ingénieuse ni inventive; elle l'a aveuglé; et tout le mal qu'il nous a fait, retombera sur son propre pays; la forme de son gouvernement sera inévitablement changée.

Pour Saxe-Cobourg, prince et général allemand qui commandoit les troupes Autrichiennes il y a quatre ans, après avoir été battu plusieurs fois par nos Républicains, ce grand maître de l'art a mis promptement ses talens, sa réputation et sa gloire à couvert, en avouant qu'il n'entendoit rien à la tactique de nos écoliers militaires.

Monsieur. Les *choses* s'usent à force de s'en servir: les *mots* s'usent quand on ne s'en sert plus. Celui de *Monsieur* en est un exemple parmi nous. Le mot

Citoyen l'a remplacé presque généralement, mais bien difficilement.

Dans une Assemblée primaire, on faisoit l'appel nominal. Le président appeloit chaque membre un peu riche, *Monsieur*, et les autres par leur nom tout court. Il appela ainsi sans respect un jeune Vigneron .... „Je vous y at-„tendois, s'écria celui-ci: pourquoi dis-„tinguez-vous les citoyens? Pourquoi „ne m'appelez-vous pas *Monsieur*, tout „comme vous avez appele mon voisin? „Avez-vous oublié la politesse nouvelle „de l'égalité? Souvenez-vous que „chacun de nous est *Monsieur*, ou que „personne ne l'est."

Dans tous les bureaux d'administration quelconque, dans tous les tribunaux, le mot *Monsieur* est proscrit.

Loiserolles. L'histoire déroulera les vues générales du Décemvirat dans l'invention de ce système, et sa combinaison principale avec la guerre de la

Vendée, ainsi que le projet infernal de son application à toutes les parties de la République: un tel poison n'a pu être soufflé que par le cabinet de St.-James.

Comment a-t-on pu trouver tant de geoliers, tant de bourreaux obéissans, tant d'applaudisseurs qui suivoient les chariots funèbres, qui comptoient le nombre des victimes en calculant avec un horrible sang-froid si ce nombre alloit en augmentant ou en décroissant. Le théâtre de la Guillotine ne manqua jamais d'un cercle de spectateurs. Déjà l'on parloit d'établir un puisard en pierre sous l'échafaud, et d'y ménager des couloirs pour le sang humain; déjà l'architecte avoit tracé le plan de cette bâtisse: et puis, que l'on calomnie les arts!

Au milieu de tant de victimes, il y a un nom qu'on ne sauroit oublier, parce qu'il rappelle tout l'essor de la tendresse paternelle.

L'infortuné Loiserolles reçoit à la Conciergerie un acte d'accusation; c'étoit celui de son fils. Il garde le silence; il dissimule; il obéit à la voix du guichetier qui lui signifie l'ordre de descendre au greffe. Il marche cachant la joie qu'il avoit de sacrifier sa vie pour la conserver à son fils. L'erreur ne fut point reconnue, parce qu'il fit tout pour la rendre complette: il trembloit que son fils qui ignoroit ce dévouement ne vînt reclamer sa place. Ce vieillard vénérable lié à la planche s'écria: *j'ai réussi*: et sans doute il reçut sans regret le coup de la mort. Mais comme si le Ciel eût attendu cette dernière et généreuse victime pour manifester tout son courroux, la justice vengeresse se déclara enfin: le même jour elle tonna sur le crime, le même jour les tyrans furent foudroyés; et tous ces décemvirs ivres de sang montèrent le lendemain à l'échafaud.

Jamais il ne fut imprimé sur aucun criminel un plus terrible cachet de réprobation que celui qui marqua l'agonie de Robespierre. A moitié tué de la main de son frère ou de la sienne propre; (car la version est encore douteuse) le visage enveloppé de linges sanglans; poursuivi par les imprécations et par les cris d'allégresse du peuple; lisant sur tous les fronts le plaisir de la vengeance, et la chûte de son épouvantable systême; montant à cet échafaud que je lui avois prédit dans les jours de sa toute puissance; outragé par le bourreau qui déchira avec dédain l'appareil de sa blessure, s'il ne crut pas en ce moment à la justice divine, c'est que c'étoit un automate sorti des enfers pour punir les humains. Mais non... Je crois qu'il dut s'étonner et même se plaindre de ne pas voir autour de lui tous ses complices. Plusieurs respirent encore:.... mais attendons quelle sera leur fin.

On a dit et répété que Robespierre avoit sauvé et vouloit sauver encore les 73 représentans du peuple détenus pour leur ferme et généreuse protestation contre la journée du 31 Mai: il n'en est rien. Robespierre nous tenoit en ôtage pour maîtriser le côté droit; et nous devions être égorgés dans la nuit qui précéda le 9 Thermidor. Nous avons vu tous les apprêts de notre mort: les armes, les flambeaux, tout étoit prêt; les fosses étoient creusées: on attendoit le signal. O sainte Providence que j'adore! tu daignas m'envoyer dans cette nuit même le sommeil le plus doux et des songes célestes! Il entroit dans tes desseins que les 73 ne périssent point; ils étoient innocens et ils avoient voulu sauver la France de ces grands désastres. Non, je n'ai jamais craint la mort; j'avois un pressentiment secret que l'auteur de tout bien et de toute justice nous feroit triompher. Dans ces tems d'oppression et de calamité, mon oreiller me fut toujours doux. En pourriez-vous dire autant, Robert-Lindet?

Et toi, farouche Amar, je me souviens de tes larmes de crocodille, quand tu vins nous visiter aux *Madelonnettes*, après avoir assassiné les vingt-deux. Et comment comptois-tu sur ta puissance? tu ne connoissois ni toi ni les hommes! Tu fus féroce, et tu n'as point de remords! Autant vaut que tu vives que de périr sous une main justement vengeresse. Le mépris te fait grace!

Louvet. Il eut un père dur et brutal, dont l'organisation commune ne pouvoit deviner le secret de l'organisation de son fils. C'est de-là probablement que s'alluma dans son ame cette haîne des tyrans, qui ne s'est éteinte qu'avec ses jours. Il attaqua le trône; il dénonça Robespierre; il demanda l'acte d'accusation contre les frères de Capet; il s'éleva avec une grande force d'indignation contre la noblesse, cette caste usurpatrice, obstacle continuel à tout developpement de grandeur et d'énergie dans la nation ; il fut républicain jusqu'au dernier soupir : tous les genres d'outrages lui furent prodigués.

Il y a des momens dans la vie où l'homme vertueux réagissant contre l'injustice et l'insolence, est tenté de renoncer publiquement à l'estime des hommes. Louvet au-dessus des clameurs de la calomnie leur répondit en combattant sans cesse, en se trouvant par-tout sur la brèche.

L'aveuglement universel de la capitale sur Robespierre, enhardit les conspirateurs; le parti du devoir et de la vertu fut abandonné; mais notre républicanisme restera sans tache. J'ai partagé toutes ses opinions : pour récompense de ses vertus et de ses talens, que n'a-t-il vu comme moi le 18 Fructidor !

Chapitre XXXVII.

Anecdotes.

Mr. Duhameau, marchand de Paris, se trouvant à Rome, et voulant continuer sa route vers Naples, se rendit chez notre ambassadeur pour avoir un passeport. L'ambassadeur lui demanda s'il avoit vu la révolte de Paris. — *Quelle révolte?* lui demanda le citoyen.. — Mais la révolte de Paris; celle de Juillet. — *Je ne vous entends pas.* Le secrétaire d'ambassade prit alors la parole: Monseigneur vous demande si vous avez vu la révolution. — *Ah! oui, j'ai vu la révolution française.* Et quelle différence, Monsieur, reprît l'ambassadeur, trouvez-vous donc entre révolte et révolution? La voici, répliqua le citoyen ; *Des esclaves se révoltent contre leur maître: un peuple libre qui reprend ses droits fait une révolution. Vous voyéz bien que je ne pouvois pas vous entendre.*

Ceux qui ont assisté aux séances du Sénat français savent combien elles sont quelquefois bruyantes. Le décret qui ordonne la vente des biens ecclésiastiques excita, comme cela se devoit, les plus grands cris de la part des *tonsurés.* Chaque membre du clergé se levoit, changeoit de place à chaque instant pour augmenter le bruit que faisoit son confrère en aristocratie: une dame impatientée de tout ce brouhaha, s'écria: „Messieurs! on veut vous raser; „mais si vous remuez tant, vous vous „ferez couper.“

CHAPITRE XXXVIII.

Livre rouge.

Qui ne sait pas maintenant ce que c'est ? Ce livre a conquis une foule d'honnêtes gens à la cause du patriotisme; il a raffermi les foibles, convaincu les incrédules, éclairé les aveugles, donné un plus grand courage aux esprits droits, versé une sainte indignation et une généreuse énergie dans les ames citoyennes; et sous ce point de vue, c'est la plus utile et la plus éloquente brochure qui ait encore paru. Graces immortelles en soient rendues aux membres courageux du Comité des pensions, qui après bien des efforts sont parvenus à l'arracher des mains des ministres dont elle révèle tous les crimes.

Le 1 Décembre 1789 M. le *Camus* dénonça à l'Assemblée nationale l'existence du *Livre rouge*. C'est un fort beau registre relié en maroquin du Levant et doré sur tranche, qui contient la liste des pensions dont voici quelques-unes.

A l'ouverture du cahier on voit un prince allemand qui en a quatre. La première, pour ses services comme colonel; la seconde, pour ses services comme colonel; la troisième, pour ses services comme colonel; la quatrième pour ses services comme colonel. Total des pensions du prince allemand: quarante mille quarante-huit livres.

M. Claverie de Banire; quatre pensions. La première et la seconde parce qu'il étoit en même tems secrétaire-interprète de deux régimens étrangers qui n'avoient pas besoin d'interprète, et qui étoient en garnison, l'un au Levant, l'autre au Couchant; la troisième, parce qu'il étoit commis au Bureau de la guerre; la quatrième, parce qu'il a été commis au Bureau de la guerre. Total: vingt-trois mille quatre cent soixante-neuf livres, dont quatre mille sept cent cinquante sont réversibles sur sa femme et ses enfans etc., sous le beau titre de *réserve*.

M. *Desgallois de la Tour*, premier Président et Intendant en Provence, à l'honneur duquel M. Barentin fit graver une médaille dans les gazettes; vingt-deux mille sept cent vingt livres en trois pensions. La première comme premier Président et Intendant; la seconde comme Intendant et premier Président; la troisième, *pour les mêmes considérations que ci-dessus*. — Je copie fidèlement le texte.

Madame *Isarn*; vingt-quatre mille neuf cent quatre-vingt livres, *pour favoriser son mariage, et en considération de ses services.*

M. *Claude-François Moreau*, dont la plume vaillante a donné pendant un demi siècle des leçons d'esclavage aux peuples de la terre, n'a que vingt-un mille livres de pension. C'est peu: il y a des métiers qu'on ne sauroit trop payer.

Tout le monde sait qu'en France la qualité de Grand-Maître de la Barberie procure à M. Andouillé, premier chirurgien du roi, soixante-deux mille livres, à prélever sur le produit des coups de rasoir qui se donnent chaque année sur tous les mentons du royaume. Croiroit-on après cela que M. Andouillé eût besoin d'une pension de neuf mille neuf cents livres sur le trésor royal?

On a dit dans l'Assemblée nationale qu'il y a des morts qui reçoivent exactement les pensions qu'ils ont obtenues de leur vivant; j'aime mieux les pensions octroyées à des individus qui n'ont jamais existé, et qui peut-être n'existeront jamais; tels que, quatre mille livres *à la personne qu'épousera Mde. de Baschi.* (maîtresse de Monsieur.)

A l'égard de Mlle. *Hue de Miroménil*, pensionnée *en considération de son mariage*, elle existe réellement; aussi sa pension est-elle de huit mille livres.

M. *Blanchet;* quatre mille sept cent vingt-sept livres en considération de ses services passés, et quatre mille sept cent vingt-sept livres en considération de ses services futurs. Total: neuf mille quatre cent cinquante-quatre livres.

Mde. la Marquise de *Flavacourt de Mailly;* quatorze mille six cent cinquante-une livres en trois pensions. La première, *par continuation;* la seconde, *sans motif;* la troisième, *pour appointemens conservés.*

M. *Hamelin;* vingt-un mille livres, en considération *de la modicité de sa charge* de receveur général des finances. *De la modicité!*... Lecteurs, n'oublions jamais l'article de M. *Hamelin*: un tems viendra où nous raconterons au coin du feu les merveilles dont nous sommes témoins, comme les Mies racontent les voyages de Simbad-le-Marin et l'histoire de la Belle au bois dormant: *tunc meminisse juvabit*.

Cette *modicité* de M. *Hamelin* me fait penser à un vieux officier nommé M. *Segrave* qui eut le bras emporté il y a cinquante-cinq ans au siége de Fribourg, et qui n'a pas encore pu obtenir les *quatre sous* par jour que l'ordonnance accorde à tout officier mutilé. O M. *Hamelin!* combien de quatre sous par jour dans votre recette générale des finances! Et vous n'êtes pas content, M. *Hamelin*! et il vous faut absolument une pension de vingt-un mille livres!..... Voici ma motion: Que les quatre sous demandés par M. *Segrave* soient donnés à M. *Ha-*

melin: que mille écus de la pension de M. *Hamelin* soient donnés à M. *Segrave*, et que les dix-huit mille livres de surplus soient restituées à la Nation.

En général on a remarqué dans le *Livre rouge*, des pensions à un grand nombre de femmes *comme il faut*, à des commis et secrétaires comme il n'en faudroit pas, et à quelques militaires comme il en faudroit beaucoup. Dans la liste des femmes, on trouve une Dame près d'Avranches qui a douze cents livres de pension pour avoir reçu nombre de fois à sa table, un certain colonel.... On assure bien que c'est à sa table.

Après avoir parlé du *Livre rouge*, dans une des séances de l'Assemblée nationale, M. le *Camus* y dénonça un autre livre intitulé : *Livre des traitemens*. Celui-ci est le cadet du Livre rouge, et contient comme son aîné une liste des turpitudes et des déprédations des courtisans et des ministres. Un membre du côté *noir* ayant demandé par dérision de quoi ce livre étoit couvert : — *Du sang du peuple*, répondit avec véhémence, *Barnave*.

Chapitre XXXIX.

Est-ce un supplice doux que celui de la Guillotine?

L'Assemblée nationale de France guidée sans doute par des principes d'humanité, consulta en 1791 différentes personnes pour savoir, si dans le cas où la loi prononçant la peine de mort contre un coupable, il seroit possible de trouver le moyen d'ôter en quelque sorte au patient la douleur de son supplice. L'instrument connu sous le nom de *Guillotine* fut proposé; l'Académie de chirurgie fut consultée; on fit sur des cadavres plusieurs expériences pour vérifier si la section du cou étoit instantanée, et l'on reconnut unanimement que cet instrument par lequel la tête est séparée du tronc dans un moment indivisible ôtoit la vie dans le plus court espace de tems possible. Il n'y eut alors aucun doute sur cette assertion. Personne n'imagina qu'aussi-tôt après la *détruncation* il pût exister encore la plus légère douleur, le plus petit degré de sensibilité, soit dans la tête soit dans le tronc, lorsque ces deux parties sont totalement séparées l'une de l'autre. Jamais chez aucun peuple on n'a pensé que la vie et par conséquent la sensibilité pussent survivre, au moins pendant quelques instans, à cette mutilation. Néanmoins l'opinion contraire semble s'accréditer depuis quelques tems. On paroît craindre aujourd'hui qu'on ne se soit fait illusion sur cet objet, et qu'on ait prononcé en 1791 avec trop de précipitation. Les uns demandent sérieusement s'il est bien vrai que celui qui vient d'être supplicié par le jeu de la machine en question ne souffre plus du tout lorsque la tête est séparée du tronc. D'autres croyent voir dans les mouvemens convulsifs des muscles du visage immédiatement après l'exécution, les signes d'une douleur aigue et un témoignage de sensibilité qui n'est pas encore éteinte. On va jusqu'à rappeler la douleur et les regrets de ceux dont les parens ou les amis ont péri par ce supplice, en disant qu'une tête séparée du corps a la *conscience* de la douleur, que la vie y subsiste encore avec la chaleur. On craint que la pensée de la douleur ne soit dans cette tête comme elle est dans le moignon d'un homme à qui l'on a fait l'amputation d'un membre, et qui souffre de ce membre qui n'est plus.

Tous ces raisonnemens tombent d'eux-mêmes si l'homme supplicié meurt instantanément. C'est donc une question d'anatomie qu'il s'agit de traiter ici. Or il est bien démontré qu'il existe dans l'homme deux organes tellement nécessaires, tellement essentiels à la vie, qu'elle cesse tout aussi-tôt que l'un d'eux discontinue d'agir. L'un de ces organes est le cerveau, et l'autre est le cœur. C'est pour cette raison qu'on les a nommés organes vitaux; parce que la vie ne peut subsister sans eux ou sans leur action. Ainsi une plaie au cœur est nécessairement mortelle, et une lésion au cerveau assez grande pour que cet organe cesse d'agir, est de même nécessairement mortelle. Dans l'un et dans l'autre cas, la promptitude de la mort est en raison de la vitesse avec laquelle le cœur ou le cerveau cessent d'agir. C'est une vérité qui est consignée dans tous les livres de l'art; et il n'existe pas un seul traité de médecine légale dans lequel il ne soit dit très-positivement que toute lésion capable de faire cesser l'action du cœur ou celle du cerveau est nécessairement mortelle; c'est-à-dire, que la vie et toute sensibilité cessent à l'instant même où le cœur cesse ses fonctions et que réciproquement la vie cesse et le sentiment périt au moment où le cerveau discontinue les siennes.

C'est ainsi que l'on voit mourir subitement ceux qui éprouvent une forte attaque d'apoplexie, maladie dans laquelle, lorsqu'elle est portée à un haut degré, le cerveau est sans action. De même on meurt subitement, quoique le cerveau soit très-sain, lorsque par une cause quelconque il se fait au cœur une rupture ou crévasse qui arrête brusquement ses mouvemens. Or il est bien démontré pour quiconque veut tant soit peu réfléchir que non-seulement le cœur, mais aussi le cerveau discontinuent d'agir aussi-tôt que la tête d'un homme vivant est séparée du reste du corps. Dans ce cas, la mort est instantanée parce que la cessation d'action des deux organes vitaux est elle-même instantanée. La mort ne seroit longue et la douleur ne pourroit être prolongée qu'autant que la cessation de l'une ou de l'autre de ces fonctions vitales se feroit lentement; ce qui est impossible, puisqu'à l'instant même où la *détruncation* est complette, l'hémorrhagie terrible des vaisseaux de la tête et de ceux du tronc met fin à l'action du cœur et à celle du cerveau. Si l'on est absolument curieux de savoir si réellement le patient souffre et pendant combien de tems il souffre, on peut répondre que sa douleur est en raison du tems que l'instrument tranchant met à opérer la décollation.

On pourroit conjecturer que si elle se fait en une seconde, le patient souffre pendant une seconde. Mais on se tromperoit encore en adoptant ce calcul, tout probable qu'il est; car la douleur quoique matérielle, suppose toujours, pour être sentie distinctement par celui qui l'éprouve, une réflexion, une pensée, un jugement, en un mot une fonction intellectuelle. Or comment veut-on que cette fonction de l'esprit ait lieu, lorsque l'organe sans lequel elle ne peut se faire n'agit plus? Il est donc évident que l'action du cœur et celle du cerveau cessant instantanément, il ne peut plus y avoir ni douleur ni sensibilité dans un corps privé de vie.

L'un des plus savans médecins du siècle dernier a répondu d'avance à toutes les questions que l'on pourroit faire sur cette matière. Wepfer dans son traité de l'apoplexie s'exprime ainsi. „Le supplice de la décollation prouve „évidemment combien le cerveau a pen„dant tout le cours de la vie un besoin „indispensable de l'action continuelle du „cœur. Car aussi-tôt que la tête est „séparée du corps, tout sentiment et „tout mouvement meurent, même dans „la tête : *omnis sensus et motus animalis, etiam in capite, moriuntur.*"

Ce qui peut faire illusion à ceux qui n'ont pas les premières notions de l'anatomie, c'est la palpitation des chairs, c'est l'irritabilité des muscles qui subsistent plus ou moins tant que le corps est chaud. Mais cette irritabilité ou cette contraction musculaire dans un corps qui n'a pas encore perdu sa chaleur quoique privé de vie, ne peut pas exciter la plus légère sensibilité, et ne doit pas être confondue avec elle. Jamais personne n'a pensé que lorsqu'un ver ou une anguille est coupé en plusieurs morceaux, on puisse exciter la sensibilité de l'animal, en irritant avec la pointe d'une épingle un des morceaux détaché des autres; quoique tous pris séparément soient irritables pendant un certain espace de tems. Ce que nous disons est si certain et tellement avéré par tous les anatomistes, que depuis l'origine de cette science jusqu'aujourd'hui, il n'y en a pas un seul qui ait adopté la proposition contraire à celle que nous avons présentée. *)

*) Je dois ces observations au C. Lassus, mon ami et collègue à l'Institut national.

Chapitre XL.

Cris Nouveaux.

Dès le matin on entend crier les journaux. De simples projets de décrets sont transformés en décrets, et tout un quartier raisonne ou s'épouvante de ce qui ne doit pas avoir lieu. Le peuple mille fois trompé par ces annonces infidèles, n'en écoute pas moins le vociférateur. Tous les esprits sont en réveil; et si la présence d'un corps législatif se fait sentir avec une sorte d'effroi, c'est dans la bouche d'airain de ces brailleurs infatigables. Le soir ils courent les rues avec d'autres journaux, font le même vacarme; et il y a des noms tels que ceux d'Etienne-Feuillant, du Postillon de Calais, de

Poultier, représentant du peuple, qui ont été répétés cent fois plus que tous ceux des rois, des empereurs et des grands écrivains de tous les siècles présens ou passés. Le fond des cafés et des tabagies s'ébranle à la voix du colporteur. Le boutiquier saisit la feuille qui court, le hurleur prend la pièce de monnoie en précipitant ses pas. C'est à qui atteindra d'un pas plus accéléré le lointain faubourg, où le pauvre rentier en se couchant sans chandelle, entend qu'on s'est beaucoup occupé de lui, mais pour ne lui rien donner.

Les victoires et les complots, les batailles et les révoltes, la mort des généraux, l'arrivée des ambassadeurs, tout cela se crie pêle-mêle. Le journaliste a tué pour deux sols celui qui se porte bien; il annonceroit la fin du gouvernement comme Lalande annonce la fin du monde, si on lui avoit dit de crier la grande trahison du Directoire, et l'égorgement du corps législatif.

La législation, la politique et la diplomatie sont à la merci de ces crieurs qui défigurent les noms, dénaturent les expressions, et font dans les carrefours un historique où la géographie est tellement bouleversée que le nord et le midi sont confondus, et que les affaires de Rome se trouvent à Ratisbonne.

Le peuple qui prête l'oreille à cet épouvantable galimatias, le commente encore en se couchant; et Dieu sait de quelle manière le lendemain la narration des perruquiers devient instructive. Tel ramasse tous ces bruits fangeux, les confie à la poste; et toutes les absurdités que le rêve le plus extravagant et le plus anti-politique pourroit créer, circulent dans les petits bourgs des départemens, et n'ont d'autre fondement que les criailleries des rues de Paris.

Vainement a-t-on voulu imposer silence à ces commentateurs. Ils se prétendent des héraults privilégiés: on enchaîneroit plutôt le son que leurs personnes.

Une multitude de petits détailleurs étale à tous les coins de rues des objets de petite mercerie, crient à l'envi les uns des autres le prix de leurs marchandises: quelques bouts de chandelle que le vent fait fondre, couvrent de suif leurs magazins de trois pieds de long; et quoique le prix soit modique, vous achetez toujours trop cher, car c'est-là le rebut de toutes les manufactures.

Autrefois à la porte des spectacles, lorsqu'un faquin sortoit entre les deux pièces, tous les décrotteurs crioient à gorge déployée: votre voiture, Mr. le chevalier, Mr. le marquis, Mr. le comte; actuellement ils y ont substitué les noms de capitaine, de général, de commissaire. Ils sont devenus plus familiers; ils présentent la main aux belles dames en les appelant citoyennes; ils offrent le cabriolet en disant: on y tient deux commodément; ils ont une gaieté insolente, et indifférens à tous les partis, ils se moquent également des oreilles de chien et de la perruque jacobite.

On diroit que l'éloquence de la tribune a formé ou a donné de la hardiesse à tous ces orateurs du coin des bornes, qui parlent entr'eux des grandes motions et du fameux complot dévoilé, qui apostrophent quelquefois les passans. Les porte-faix appellent tout haut aristocrates ceux qui leur déplaisent. Ils passent leur tems à politiquer; et ils ont contracté un air d'assurance qui devient plus remarquable encore quand ils exigent de vous pour le moindre office un triple salaire.

Pour les chansonniers, on peut penser jusqu'à quel point ils ont abusé de leur privilége. L'un d'eux, nommé Pitou, s'étoit fait un si nombreux auditoire que la garde n'osoit l'interrompre dans ses fonctions chantantes. Chaque fois qu'il parloit de la République, il portoit la main à son derrière. Il se fit arrêter: traduit au tribunal criminel, il répondit à l'accusateur public que dans le geste qu'on lui reprochoit, il n'avoit d'autre intention que de chercher sa tabatière. Après avoir été vingt-deux fois emprisonné pour ses couplets de chanson, il en fit tant, qu'il fut condamné à la déportation.

Ce Pitou étoit une espèce de Diogène, mais il ne se trouvoit pas à Athènes.

Les proclamations des crieurs de journaux ont failli renverser le gouvernement républicain. Tout est composé d'infiniment petit.

CHAPITRE XLI.

Nouveaux voleurs.

Au milieu de ce débordement de toutes les passions humaines, et lorsqu'on avoit agité et battu l'étang, il étoit impossible que le limon ne montât point à la surface, et ne troublât point la pureté des eaux.

Il y eut donc des voleurs, des bandes de voleurs, et dont le nombre s'accroît tous les jours avec leur audace. Des vols immenses se font; je dirai plus, des complots se forment : cependant la police veille: mais elle a eu comme les autres institutions ses alternatives de force et de foiblesse; elle fut corrompue elle-même.

Les comités révolutionnaires n'avoient pas grand intérêt à poursuivre ces scélérats qui sous différens costumes s'insinuent dans les maisons, y prennent des renseignemens, et se rendent ensuite à leurs rendez-vous où ils se font part des vols qu'ils préméditent.

Les nouveaux voleurs sont beaucoup plus hardis que les anciens; ils recommandent à celui qui doit entrer le premier en cas d'enfoncement de porte, de ne pas s'occuper de minuties, comme du linge et autres effets; mais bien des bijoux, argenterie et objets de valeur: car, disent-ils entr'eux, il faut laisser cela aux *petits Paigres*, c'est-à-dire, les petits voleurs. Ils n'oublient pas de faire les menaces les plus fortes à celui qui seroit assez lâche pour *manger le morceau*, c'est-à-dire, découvrir le larcin.

Ils ont sous leurs ordres des *citoyens actifs*, (c'est ainsi qu'ils les appellent par dérision) qui se mêlent aussi du soulèvement des porte-feuilles qu'ils nomment *Lucs*; et pour cela ils vont aux portes des spectacles où ils font foule. Le plus adroit est en avant; suivi de ses aides-de-camp, il va tâtant les poches qu'il veut soulager; et lorsqu'il trouve un *luc* qui a suffisamment d'embonpoint et qu'il croit aisé d'escamoter, il le saisit par un art qui lui est particulier et que je ne saurois décrire; il le passe très-adroitement à celui qui est derrière lui, afin qu'étant par hazard arrêté, on ne puisse pas le convaincre du délit: et dans ce cas il y en a même eu qui ont poussé l'audace jusqu'à faire arrêter et conduire le malheureux plaignant *au comité de la Section*, où dans les beaux jours de Robespierre, le voleur trouvoit camarades, sureté et protection.

Ils ont des endroits qu'ils nomment *tapis francs*, où ils partagent le fruit de leurs travaux. Ils ont aussi des recéleurs, tels que Juifs, orfèvres et prêteurs sur gages, qui leur achètent à vil prix les vols qu'ils ont faits; et les changent sur le champ de nature.

Doutez-vous de l'existence de ces coquins? Allez à l'audience publique du tribunal criminel: vous les reconnoîtrez-là; immobiles, silencieux, examinant l'attaque et la défense, remuant les lèvres et suggérant, pour ainsi dire, à l'accusé ses réponses. C'est-là qu'ils font l'étude de notre code criminel, en mettant à profit tout ce que l'insciençe de la profonde perversité du cœur humain a pu dicter à des législateurs trop philosophes.

Quand le camarade succombe sous le jour terrible de la conviction et de la vérité, son silence est récompensé, et on ne l'abandonne point. La peine de mort n'ayant plus lieu, il est assis sur le *tabouret*. Mais là supérieur à l'affront, dédaignant la honte publique, il reçoit les tendres œillades de ses compagnons et de toutes les coquines, leurs complaisantes maîtresses; quand je dis complaisantes, c'est quelles ne sont pas étrangères aux larcins de la bande.

C'est un axiôme reçu, que l'on se sauve des fers très-facilement; qu'on en est quitte pour un petit voyage; ce qui fait que les nouveaux voleurs sont plus pervertis que les anciens, qu'ils ont poussé l'effronterie et l'insolence jusqu'au dernier excès, qu'ils ne donnent aucune marque de repentir, qu'ils bravent la mort avec impiété.

On a vu des femmes condamnées au *tabouret*, première punition que la loi inflige et qui précède la réclusion ou la peine des fers pour les hommes; on a vu, dis-je, ces femmes lever leurs jupes, insulter aux passans qu'elles faisoient fuir d'épouvante par leurs propos obscènes; et comme cet écart de la raison humaine alloit devenir une habitude, il fut enjoint aux bourreaux de lier leurs jupes et d'assujettir leurs mains.

Ayant exercé trois fois les fonctions de *juré de jugement* au tribunal criminel du département de Paris, je n'en suis jamais sorti que le sein gonflé de douleur sur la perte de cet instinct moral dont il ne restoit plus aucun vestige chez plusieurs criminels. Non, il n'y a plus d'hypocrisie! Le vice et le crime ont leurs apologies et leurs apologistes. Les défenseurs officieux par inattention, par métier, ou pour faire les beaux parleurs ont dénaturé tous les mots qui servoient à la morale. Eh! comment pour quelque service pécuniaire se déterminent-ils à aiguiser le poignard qui peut se tourner contre la société et contre eux-mêmes.

Un surcroît de douleur et d'affliction; c'est que les *gradins* (c'est ainsi que l'on nomme les bancs du tribunal criminel) sont fréquemment couverts de femmes hardies devant les juges; elles ont pris l'audace des hommes; il ne leur manque qu'un gros bâton à la main. Nous nous plaisons à croire que c'est un reste impur de ces femmes qui passoient la matinée à hurler dans les tribunes ou à influencer le tribunal révolutionnaire, qui l'après-midi insultoient aux malheurs des victimes que le *décemvirat* envoyoit à l'échafaud, et qui le soir couronnoient leurs hauts faits en se rendant aux jacobins.

Le peuple est donc susceptible de toutes les impulsions! La fréquence des supplices, la vue du sang ont porté l'homme à mépriser non-seulement la mort, mais encore l'infamie. On plaisante dans les cachots sur la Guillotine, on en fait la répétition avec des éclats de rire; et les cinquante-sept jours que j'y ai passés avec les malfaiteurs, lorsqu'on m'y plongea parce qu'il n'y avoit pas de place ailleurs, ces cinquante-sept jours où j'ai cru habiter un autre univers, ne seront perdus ni pour l'histoire ni pour la connoissance du cœur humain. Oh! abominables *Décemvirs*, si vous n'eussiez tué que des hommes!

CHAPITRE XLII.

Neuf Mars 1793.

Comment les députés amis de l'ordre ont-ils toujours été outragés, tandis que Marat et ses adhérans étoient triomphans? Marat fait sonner le tocsin sur les marchands; le pillage commence à la pointe du jour; on entre dans toutes les boutiques; on enlève le sucre, les chandelles, l'huile, le savon et les autres denrées: puis il prend un remords à tous ces pillards; ils taxent eux-mêmes les marchandises et les emportent sans obstacle, soit qu'on veuille de leur prix, soit qu'on n'en veuille pas.

Point de doute que la Commune ne fût de connivence avec les chefs des agitateurs, car on vouloit donner les plus grandes suites à cette émeute. Quand on vit que le désordre n'alloit pas assez loin, et que l'on n'avoit pas accroché les marchands à la porte de leurs magasins, lès officiers municipaux, qui étoient instruits la veille de tout ce qui devoit avoir lieu le lendemain, voulurent avoir l'air de faire quelque chose pour arrêter le brigandage.

Marat fut dénoncé à la Convention pour cette provocation à l'anarchie, qui assurément n'étoit pas douteuse: il se contenta de répliquer à ses accusateurs, qu'ils étoient des *cochons*, des *imbécilles* qu'il falloit envoyer *aux petites maisons*. Ce nouveau genre d'éloquence étoit familier au club des Cordeliers, au club des Jacobins, à la Commune et dans les assemblées permanentes de sections: c'étoit ainsi qu'ils nous répondoient. L'organisation du tribunal révolutionnaire se fit au milieu des hurlemens terribles que poussoient les sicaires armés. Ils marchèrent sur la Convention pour en exterminer *tout le côté droit;* mais ils firent tant de bruit, poussèrent des cris si effroyables, et mirent si peu de mystère dans leurs démarches que nous fûmes informés de leurs desseins. Une pluie considérable qui tomboit dans ce moment ne contribua pas peu à disperser les conjurés.

N'ayant pu massacrer les députés du côté droit, les Montagnards firent dévaster les imprimeries des journalistes ennemis de l'anarchie; et ce fut à cette époque que Danton, qui deux jours auparavant et pour mieux parvenir à ses fins, avoit fait prononcer l'élargissement de tous les prisonniers pour dettes et l'abolition de la contrainte par corps, proposa de nouveau de casser entièrement le pouvoir exécutif, et de choisir désormais des ministres dans le sein de la Convention.

Ne faut-il pas être dépourvu de toute pudeur et nous croire absolument étrangers à toute espèce de bon sens, pour vouloir nous persuader que ce Danton étoit un républicain? Il ne le fut jamais. Directeur des fatales journées des 31 Mai et 2 Juin, faites et payées par les puissances étrangères, il se préparoit à tirer le petit Capet de la prison du Temple, à le promener entre ses bras dans Paris, et à se faire nommer son tuteur. D'un autre côté Robespierre dans son orgueil délirant, et aveuglé par des succès qui avoient tourné sa tête étroite, n'ambitionnoit pas moins que d'épouser la fille de Louis XVI, et de se faire déclarer protecteur.

Parmi ces scélérats, c'étoit à qui concentreroit l'autorité entre ses mains: montés de la misère la plus profonde à une sorte d'opulence, il n'y avoit point de chimère dont ils n'alimentassent leur appetit dévorant. Ligués d'abord pour règner à l'ombre de la tutelle de l'enfant dont ils se seroient défaits quand leur puissance auroit été consolidée; divisés ensuite, parce que chacun vouloit avoir la gloire de remettre le *Dauphin* sur le trône. Ils ne pouvoient commettre ce forfait anti-républicain, qu'en abattant la Gironde qui avoit fondé la république et qui la vouloit.

Le parti d'Orléans étoit tombé, parce que la nullité de l'homme étant constatée, le plus déhonté n'osoit plus bâtir sur lui. Que l'on se représente si l'on peut tous les hommes pervers entachés de vices, tous les intrigans avides de rapines, tous les êtres couverts d'opprobre, fuyant les lieux de leur naissance, enrôlés sur ce grand théâtre où ils ne sont pas connus, et fiers d'y jouer pour la première fois un rôle pour s'ouvrir un large chemin à la fortune; n'ayant ni domicile, ni parens, ni amis; d'autant plus entreprenans dans leur audace, qu'ils moissonnent dans un champ étranger. Voilà l'image de la capitale à cette époque.

Des figures de tous les pays, des avanturiers de tous les rangs, des agitateurs de tout âge sont tombés dans les sociétés populaires pour y énoncer les paroles les plus extravagantes, les vœux les plus sanguinaires. On les écoute, on les entoure: plus ils donnent de soufflets à la saine philosophie, plus on leur applaudit: hurleurs de morale, panégyristes de démagogie, affublés du bonnet rouge, ils s'émerveillent eux-mêmes des talens qu'on leur suppose; et Albite l'huissier ne sait pas comment il est devenu un Démosthène.

Chapitre XLIII.

Amis des Noirs.

On ne saura peut-être jamais d'une manière certaine quelle fut la teneur directe et entière de cette fameuse Convention signée à Pilnitz dans le cours de l'année 1790; mais il paroît constant que le Cabinet britannique y donna ses plans; et c'est assez dire que tous étoient dirigés pour opérer les plus grands désastres en France. Qu'on en juge par la question portée au parlement d'Angleterre sur la traite des nègres. Ce fut un piége que l'insidieux Pitt présenta à l'imbécillité de nos niveleurs: ils ne voulurent pas qu'il fût dit que l'Angleterre parût seule pour reclamer les *droits de l'homme.* Ils furent les jouets de ce ministre adroit. On vit naître la société des amis des Noirs. Je sentis le piége et je ne voulus jamais que mon nom fût inscrit sur ces listes qui offroient beaucoup de noms d'hommes sensibles, mais à vue courte.

Pitt et ses adhérans firent ajourner la question à plusieurs années, satisfaits de nous avoir vus tomber dans leurs embûches, et trop certains que les torches civiles allumées dans nos colonies, dissuaderoient à jamais l'Angleterre de reprendre cette question.

Il en fut de même des vingt mille paires de souliers que des Anglois offrirent à la Convention nationale, pour chausser nos soldats qui voloient nuds pieds à la victoire. Ce tour de Pitt étoit conçu pour humilier la Nation française; et ce qu'il y a de plus étrange c'est que presque personne ne s'en aperçut, tant on étoit éloigné de croire qu'on pût se jouer ainsi d'une grande Assemblée.

Un des chefs de la société des amis des Noirs étoit Valadi, ci-devant officier aux gardes et depuis député, qui par sentiment, par philosophie, par amour du peuple, avoit abandonné la cause des tueurs. Dans l'affaire des Noirs il fut trompé par son cœur, par son peu d'expérience: il reconnut le piége lorsqu'il n'étoit plus tems. Il expia cette erreur en combattant la faction Robespierrienne et décemvirale, et il est mort sous les coups de ces féroces assassins.

Et tandis que l'on plaidoit ici la cause des Noirs, la porte étoit ouverte en Amérique aux incendies, aux meurtres; et les hommes de couleur se jetèrent entre les Noirs et les Blancs pour être tout à la fois leurs plus dangereux amis et leurs plus implacables ennemis.

Toutes les conversations rouloient sur la traite des Nègres: elle fut discutée à peu près de la même manière que la querelle pour la musique de Gluck et Picchini; c'ést-à-dire, que les disputeurs n'étoient ni musiciens, ni politiques.

Chapitre XLIV.

Maximum.

La ville étoit tourmentée de plus en plus par la pénurie des subsistances, à mesure que Boissy-d'Anglas élevoit la voix pour rassurer les esprits : c'étoit après Barrère le menteur le plus intrépide. On s'arrachoit le pain à la porte des boulangers après avoir attendu cinq à six heures au moins la médiocre portion qui étoit destinée à chacun. Mais ce n'étoit pas seulement de pain qu'on craignoit de manquer : l'immense consommation des armées qui se replioient sur la France, faisoit aussi appréhender qu'on ne manquât bientôt de viande. Pour prévenir cette disette on proposa un carême patriotique, misérable parodie du jeûne de Londres, afin que l'espèce des animaux eût le tems de se renouveller. Le département de Paris qui sembloit avoir juré la ruine de la cité, ne fit par ses placards qu'augmenter les alarmes et doubler dans les marchés le prix des grains. Il vint enfin demander qu'on fixât un *Maximum* des prix des comestibles dans toute l'étendue de la république, la suppression du commerce des bleds, la suppression de tout intermédiaire entre le cultivateur et le consommateur, enfin un recensement général de toutes les récoltes après chaque moisson.

Malgré la pente naturelle qu'avoit la Convention à consacrer toutes les mésures qui pouvoient la perdre et la France avec elle, en obéissant aux vociférations des tribunes, la dangereuse pétition du département de Paris fut assez mal accueillie.

La famine, comme la guerre de la Vendée, avoit été prolongée par ceux-là même qui paroissoient vouloir la terminer. Il n'y avoit pas de pain après des moissons abondantes : ainsi le voulut l'audace toujours croissante de la puissance démagogique. La Convention tourmentée par elle, obsédée par une multitude qui à chaque instant menaçoit de la dissoudre, décréta un *Maximum* décroissant du prix des grains, en attendant qu'elle fût forcée à *maximer* toutes les autres marchandises.

Le *Maximum* flatta la multitude ; il ne fit point disparoître ces longs rassemblemens, depuis appelés *queues* par les Parisiens toujours disposés à rire des choses les plus tristes ; car ils ont duré plus de deux ans, et se sont étendus à presque tous les objets d'une consommation journalière.

Les pétitionnaires des subsistances assiégeoient journellement la barre ; ils y débitoient les plus grandes impertinences : c'étoit le parti de la Montagne qui les envoyoit pour exciter un mouvement; mais ils n'en vinrent pas à bout; le peuple souffrit patiemment la famine et la Guillotine. Il ne fit mine de se lever qu'en Prairial et en Vendémiaire; c'est qu'il ne se lève que quand il est mû, soudoyé et dirigé.

Le *Maximum* fut dans toutes les bouches, orna les conversations des coins des rues; et après une foule d'interprétations, il signifia de *l'eau de vie* que la multitude boit sans ménagement. Cette boisson n'a pas laissé de faire dans les mœurs du peuple un changement notable: une voix enrouée en est devenue le premier signe physique.

Les paroles de Boissy-d'Anglas à cette époque rapellent ce médecin qui consulté sur l'état d'un malade en danger, répondit: Ce n'est rien; demain il n'y paroîtra plus. Et le malade mourut le lendemain.

On a remarqué que lorsque le drap coûtoit plus de 3000 livres l'aune, on profita de la circonstance pour jouer plus fréquemment l'avocat Patelin; on y enseigne la manière d'escamoter une pièce de drap à un marchand. Jamais les spectacles ne furent plus suivis que dans ces tems de disette. On y mangeoit des noix et des noisettes; et l'on disoit en sortant: J'ai épargné le bois et la chandelle; il m'en auroit coûté tout autant pour me chauffer et pour m'éclairer.

Une course en fiacre coûtoit 600 livres: c'étoit 10 livres par minute. Un particulier rentrant chez lui le soir: Combien, dit-il au cocher? — 6000 livres. — Il tire son porte-feuille et paye.

Tout le monde étoit riche en imagination; on ne fut malheureux que lorsqu'on fut détrompé.

CHAPITRE XLV.

Statue de Henri IV.

Les statues des rois étoient tombées; celle de Henri IV restoit debout. On fut indécis si on l'abattroit; le poëme de la Henriade militoit en sa faveur; mais il étoit ayeul du roi parjure. Cette statue jusqu'alors vénérée subit le même destin. Ce qui m'étonna le plus, c'est que j'entendis dire autour de moi: *Si Ravaillac a tué Henri IV c'est parce qu'il avoit engrossé sa soeur et qu'il l'abandonna ensuite.* Le peuple à la longue sait donc tout! Ce fait-là étoit consigné dans un manuscrit de la bibliothèque nationale.

Il eût passé pour sacrilége, celui qui auroit insulté naguère à cette effigie; c'étoit une image, pour ainsi dire, sacrée; et la voilà honteusement mutilée et foulée aux pieds!

Mais les rois de France n'étoient plus que des Sultans, des empereurs de Perse, et ils avoient éteint cet enthousiasme que les Français avoient pour leurs rois.

On devoit élever sur cet espace un monument digne de la régénération, et consacrer par une figure colossale l'insurrection la plus éclatante qu'on ait vue chez aucun peuple. Les Vandales qui scélératisèrent ce grand et beau monument, aimèrent mieux bâtir d'énormes Polichinelles de bois, vils emblêmes du fédéralisme terrassé; et le peintre David prêta ses crayons à ces infamies doublement déshonorantes pour les arts et pour la vérité.

En érigeant ces colosses de bois, en dénaturant à la fois l'humanité et le goût, en apothéosant les plus vils des humains, ils n'en répétoient pas moins d'une bouche emphatique: les *arts*, les *beaux arts;* comme s'ils eussent fait sortir de dessous leurs ciseaux la *Venus Médicis* et *l'Apollon du Belvéder.*

On a remarqué que les comédiens et les peintres avoient joué dans la révolution les rôles les plus absurdes et les plus sanguinaires.

David s'étoit écrié à l'Assemblée de la section du Louvre: qu'on *pouvoit tirer à mitraille sur les artistes sans craindre de tuer un seul patriote.* Il vouloit boire la cigue avec Robespierre parce qu'il avoit fait un mauvais tableau de la mort de Socrate. Ses extravagances n'en furent pas moins homicides; et j'avoue que le nom de David marié à la peinture, me fait voir dans celle-ci ce règne de terreur qu'on diroit qu'elle s'est plue à consacrer dans tous ces tableaux où l'on ne voit que martyres, décolations, chevalets, fournaises ardentes, en face de ces anciens décemvirs que David n'a que trop imités dans ces jours de crimes. O mânes des Trudaines!

Chapitre XLVI.

Tribunal révolutionnaire.

Devoit-on penser que l'on verroit naître à Paris un tribunal plus odieux mille fois que celui de l'Inquisition, plus inconcevable que tous les tribunaux de sang qui ont couvert le monde dans des siècles de ténèbres? Ce contraste entre nos écrits en faveur de l'humanité où nous relevions les doctes erreurs des jurisconsultes, où nous tracions un plan neuf et raisonnable de procédures criminelles, et entre ces juges atroces que nous n'avions pas même aperçus en idée dans tout le cours de notre vie; cette théorie qui étoit faite pour hâter les progrès de la raison et amener la réforme de notre code, mise en opposition de ce Tribunal révolutionnaire, le rend plus inconcevable encore. Il fut l'ouvrage de la faction des anarchistes: elle vouloit une autorité illimitée, qui retomba sur la tête de quelques-uns de ses fondateurs.

Il faudroit un volume pour peindre tant de scènes sanglantes. Nous avons manifesté plus d'une fois notre horreur contre ceux qui avoient placé l'image de la liberté au milieu des piles de cadavres, des massues ensanglantées et de ces juges bourreaux dont ils vouloient faire les premiers ordonnateurs d'une république.

Ces brigands long-tems et toujours déconcertés par les regards de l'homme de bien n'ont osé l'assassiner qu'avec ce tribunal qui attestoit autant la lâcheté des décemvirs, que leur férocité.

Ces barbares étoient encore les plus ignorans des hommes ; ils n'avoient aucune idée de la république des États-Unis; et ils marquèrent du sçeau de la réprobation un livre intitulé : le fédéraliste; parce qu'ils ne savoient pas que le fédéraliste est précisément un ouvrage fait contre le fédéralisme, en ce qu'il tend à ramener toutes les parties d'un état à l'unité de gouvernement, à cette unité que Brissot vouloit, ainsi que nous tous, qui avons signé la proclamation aux départemens pour la sûreté extérieure de la France et pour son union interne.

C'est d'après cet équivoque, probablement volontaire, qu'ils soulevèrent les esprits contre les plus purs républicains, en les appelant fédéralistes; tandis qu'en caressant leur populace, ils vouloient donner à la municipalité de Paris le gouvernement de la France. C'étoit avec cette unité insolente et séditieuse que le Tribunal révolutionnaire, qui se multiplioit de tous côtés, devoit courber tous les départemens sous le sceptre de la Guillotine, et ils y seroient parvenus, car tous les sans-culottes devoient être délateurs, juges et bourreaux.

Ainsi l'on fit Brissot chef d'une faction qui n'existoit pas, tandis qu'une bande d'assassins sous le nom de comités de surveillance, commandoit le pillage et le meurtre. Il s'opposa au pouvoir révolutionnaire de la Commune de Paris : dès-lors il n'étoit plus un bon Jacobin ; il falloit le tuer, et c'est ce qu'on a fait.

Roland échappa à ce tribunal de sang. Tous ses écrits portent l'empreinte d'une ame pure. Il eut la passion d'écrire pour le bonheur de ses semblablés ; et fut calomnié comme Brissot, parce qu'il sut résister comme lui à la faction des anarchistes, parce qu'il ne sut pas mentir, parce qu'il ne sut pas trembler, parce qu'il fut loin de s'associer au crime par foiblesse. Son épouse, douée d'un grand caractère, femme extraordinaire qui partageoit les travaux de son époux et qui soutenoit ses vertus, fut peut-être la plus intéressante victime qu'immola ce tribunal. On la vit aller au supplice l'ironie à la bouche et le dédain sur les lèvres, au milieu d'un peuple incapable de l'apprécier. Regardant de dessus l'échafaud la statue de la liberté, elle s'écria: *O Liberté! que de crimes en ton nom!*

Chapitre XLVII.

Brissotins.

Quand l'astucieux, le dangereux, le fourbe Barrère ne parloit que de pulvériser l'Europe, Brissot donnoit les plans qu'il falloit exécuter, non pour braver l'Europe, mais pour humilier tour à tour nos ennemis.

Lorsque Cambon, l'inepte Cambon, le premier qui a saigné la France à la veine cave pour abreuver Pâche, Bouchotte, et autres chefs anarchistes, ne vouloit point d'alliés et s'écrioit qu'il falloit rompre avec tous les cabinets, Brissot prenoit des mesures utiles pour épouvanter l'Angleterre et se ménager des amis.

C'est l'homme qui n'avoit point dépassé les bornes d'une sage énergie que Robespierre accusoit à la tribune de la Commune de Paris d'avoir vendu la France à l'ennemi; Car, disoit-il: Il ne seroit pas entré sur le territoire français, s'il n'avoit eu un marché avec la faction de la Gironde et Brissot, pour lui livrer Paris.

A mesure que la lumière se répand sur les odieux projets des anarchistes, on découvre avec plus de vraisemblance que c'étoit Robespierre lui-même et ses complices qui étoient de connivence avec les Prussiens.

Marat convaincu d'avoir prêché la royauté et le massacre de la Convention, est traduit à un tribunal composé de ses pareils. Que fait l'accusateur public? Le croira-t-on? Il entonne le panégyrique de Marat et la dénonciation de Brissot. Quand on songe qu'alors Robespierre n'étoit que le protégé de Marat, qu'il cachoit sa tête effroyable sous son égide, qu'il n'étoit que l'instrument de monstres plus en évidence que lui, on ne s'étonne plus de ce triomphe de Marat, que Danton appela un beau jour, mais qui fut le préambule du massacre des vingt-deux députés, et amena le beau jour où Danton lui-même fut immolé.

Le tribunal s'étoit d'abord exercé à condamner des cuisinières et des cochers pour des propos : mais bientôt les satellites des anarchistes et la municipalité alloient commander à la représentation nationale le silence ou le crime.

Voilà ce que le courageux Brissot avoit voulu empêcher au prix de ses jours ; et son dernier écrit annonce sans détour les derniers et abominables excès qu'il étoit encore tems de prévenir ; mais ce fut alors que l'on créa et que l'on fit entendre de toutes parts ces mots devenus depuis si célèbres : *Brissottins, Rolandins, Girondins.* Et comme si une vapeur maligne eût empoisonné tout-à-coup le cœur et la tête de presque tous les habitans de Paris, ils diffamèrent un homme doux, paisible et vertueux. Avec tant de droits à l'estime publique, l'infortuné Brissot a péri sous les coups des plus lâches libellistes; tandis que l'anarchie, dans la personne de Marat, par-tout en honneur, étoit magnifiquement récompensée jusques dans tous ses complices; car tous les proconsulats lucratifs, accompagnés d'une autorité illimitée, leur étoit pleinement dévolus.

Il y a dequoi renoncer à l'estime des hommes quand on voit que cet homme intègre n'en a pas joui. Il marcha au supplice avec un front serein; et l'histoire se souviendra que ce fut lui qui dénonça le comité Autrichien, et qu'il eut la modestie de faire publiquement l'aveu qu'il avoit été quelque-tems trompé.

Lafayette eut l'art d'en tromper bien d'autres.

Le rapport de Brissot sur les hostilités du roi d'Angleterre et du Stathouder des Provinces-Unies, et sur la nécessité de déclarer que la république Française étoit en guerre avec eux, est un monument historique qu'il faut consulter.

Chapitre XLVIII.

Le Patriote français.

Cet ouvrage périodique où l'on peut apprendre à connoître le bon esprit qui animoit les premiers républicains, fut composé par Brissot et par Girey-Dupré, que ses talens et ses vertus ne purent sauver de la rage du proconsul de Bordeaux, déjà l'assassin de Biroteau : il sur démêles et choisir cette jeune et intéressante victime. Ames républicaines, lisez ce que Girey-Dupré écrivit, et vous y retrouverez sans aucun mélange tous vos mâles et honnêtes sentimens,

Lorsque Brissot fut puissant, personne n'eut à se plaindre de la plus légère vexation. La calomnie si ardente à empoisonner toutes les actions de sa vie, a gardé le silence à cet égard : faut-il que ce soit-là un sujet d'éloges ? Mais au milieu des tempêtes révolutionnaires, lorsque tous les élémens impurs de la société étoient soulevés, et que les législateurs étoient en communication avec les bourreaux ; lorsque les *Coupe-têtes* avoient un rang, plus d'un homme (j'oserai le dire) jusques-là probe, jusques-là sensible, n'a pu conserver toute entière cette vertu qui consiste à éviter tout excès, à se préserver de tout fanatisme. Qu'on se rappelle qu'on avoit fait une injure du mot *modéré*, et que c'étoit un crime de témoigner de la pitié pour les victimes. Les anarchistes avoient comme les *Cartouchiens* leur *argot*. Tous les ennemis de Robespierre ne l'étoient pas de la tyrannie. C'étoit parmi eux une maxime que la révolution ne pouvoit s'achever que par le sang ; et le terme de la révolution pour eux étoit l'exercice du pouvoir absolu. Les philosophes avoient voulu une révolution dans les mœurs; eux, ils n'en voulurent jamais que dans le gouvernement; c'est-à-dire, jusqu'à ce qu'il fût entièrement dans leurs mains. Un de ces factieux me dit un jour. *He! Philosophe, que falloit-il donc faire?* Précisément, lui répondis-je, le contraire de tout ce que vous avez fait. Il ne me comprit pas.

La vertu n'agit que de l'accord de toutes les facultés de l'ame. La marche de Brissot fut constamment la même; car le sage, du haut de ses contemplations, voit combien c'est un siége bas qu'une chaise currule. Heureux, s'il avoit su de même qu'il faut toujours beaucoup plus de temps pour résoudre une question que pour la proposer: Brissot fut trop précipité dans celle qui concernoit les colonies et les Noirs: car le principal obstacle à la vérité, c'est la facilité que nous avons à être trop tôt contens de nous-mêmes. Si le premier pas vers le bien est la connoissance du mal, Brissot auroit dû sentir que sa motion étoit prématurée. Mais telle étoit la dangereuse inflammation des esprits, qu'on ne pouvoit toucher à une question politique, qu'on ne la poussât jusques dans ses derniers retranchemens; et c'est-là qu'est l'abîme.

Que faut-il pour être homme de bien? Le vouloir. Brissot le voulut et le fut. S'il ne faut qu'un mot mal interprété pour faire le malheur d'une nation, ainsi qu'il ne faut qu'une opinion fausse pour ravager la terre, Brissot n'est pas responsable des cruautés que les passions particulières ont pu amener. J.-J. Rousseau a dit: *que les bonnes loix étoient au-dessus de la portée humaine, et qu'il faudroit des dieux pour en donner de telles aux hommes.* Voilà un sentiment erroné: c'est-là, si je puis m'exprimer ainsi, la morale du désespoir. Quand le législateur s'est trompé soit sur les tems, soit sur les lieux, et qu'il a été de bonne foi, il faut le plaindre et non le condamner.

Avoir recours au fer dans les maladies des hommes et des empires, cela n'est ni d'un grand médecin ni d'un grand politique, et fait voir au contraire dans l'un et dans l'autre une grande ignorance de l'art; Brissot ne fut point de ces médecins-là.

Jamais il n'abusa de la liberté d'écrire; c'est qu'il ne vouloit qu'une sage liberté et n'en jamais franchir les bornes: mais le méchant, l'insensé, qui ne les connoissent pas, veulent une liberté illimitée.

Ce fut aux Jacobins qu'on vola les pages de nos écrits philosophiques; mais ce fut après les avoir bien dénaturées, bien criminalisées que la révolution, pure, intacte dans son origine, est devenue par ces grossiers plagiaires une furie ceinte de serpens, armée de torches et de poignards, l'effroi des nations voisines, et qui fera encore long-tems l'épouvante de la postérité.

Brissot entra dans cette société célèbre, non encore dégoûtante de sang, y parla plusieurs fois: mais dès qu'il vit qu'on traduisoit dans l'idiôme de la folie les axiômes de la sagesse, il s'éloigna, il déserta la caverne; et de ce jour, le crime fut réduit en systême.

Ah! si ces hommes immortels dont des homicides ont osé prononcer le nom en leur faveur, avoient ressuscité un instant, ils auroient renversé sur leurs têtes la pierre de leur sépulcre en s'écriant: Quelle est donc cette génération où il y a une race d'hommes que nous ne connoissions pas, que nous n'aurions jamais pu deviner? Dieu! cet atmosphère nous suffoque: Dieu! rends nous aux tombeaux.

Et moi, leur disciple; moi, qui sous le règne des rois et en face de leurs trônes ai bâti le vaisseau d'une république, mais qui ne voguoit pas sur une mer de sang, et qui n'avoit point pour pilotes des Septembriseurs ; moi, qui sais que c'est aux lâches et nombreux écrivains, apologistes de ces héros du crime que l'on doit la stupeur universelle de la nation prosternée devant une poignée de brigands; spectacle plus douloureux, plus affligeant que la dissolution des mondes ; interdit par tout ce que j'ai vu et entendu, froissé par la douleur de l'ame, encore muet d'horreur, je n'ai pu confier qu'au papier les sentimens qui me dévoroient. Mais si l'indignation d'une ame sensible contre des crimes inconnus à l'histoire, si le mépris que l'on doit à ce despotisme populacier qu'on voudroit faire renaître, peuvent monter le talent, je les peindrai, ces jours où l'anarchie promenoit ses étendards vagabonds ; ces jours où l'on a forcé le philosophe à se repentir de ce qu'il avoit écrit, où on l'a condamné au silence parce qu'il a craint alors d'émettre de nouvelles vérités ; ces jours qui ne périront jamais dans la mémoire des hommes, et que l'on voudroit effacer, comme si l'histoire n'étoit point ici bas le premier châtiment que la justice éternelle inflige aux coupables.

J'abandonnai aussi cette tribune rivale de celle du corps législatif, où l'on ne voyoit plus que les élémens les plus opposés à la république et les plus destructeurs de ses vertus. Là, les trompettes journalières du mensonge, de l'orgueil, de l'exagération achevèrent de transformer en maximes rebelles les préceptes des sages. Je ne voulus point partager l'extravagance ou la perfidie de ceux qui enhardissoient la démence et la férocité à prendre une libre carrière; je ne voulus point favoriser l'ivresse de tous ceux qui alloient boire à cette coupe empoisonnée. Les premiers symptômes me firent horreur: j'y vis la subversion totale des idées civiles et la destruction inévitable de la république. Les énergumènes qui sous le nom de théologiens avoient déshonoré la raison humaine, ne furent jamais coupables de plus grands excès.

Il y a dans les loix, dit Sophocles, *une divinité puissante qui triomphe de la profonde malice des hommes et qui ne vieillit jamais.* Helas! cette divinité s'étoit endormie : le peuple français fut démoralisé par vingt à trente scélerats ; toutes les opinions saines furent mises en lambeaux, et de-là la corruption des mœurs. Les livres sensés ne furent plus ni lus ni compris : encore un pas ; la contagion enveloppoit tout, et bientôt il ne restoit plus ni républicains ni hommes, et nous devenions semblables aux habitans de l'enfer de Milton, qui passent tour-à-tour des eaux glacées dans les flammes, et des flammes dans les eaux glacées.

Tous les écrivains nos devanciers avoient regardé les loix agraires comme souverainement injustes, insuffisantes, calamiteuses, impossibles à exécuter, purement séditieuses, et absurdes sous tous les rapports, enfin comme le moyen le plus sûr pour implanter la misere sur la terre, pour tout bouleverser et établir la confusion et le chaos. Eh bien! cela a-t-il empêché les Marat et consorts d'établir cette doctrine, de la publier et de trouver de nombreux partisans pendant près de deux années.

Quel est donc le plus grand malheur dans notre révolution? Le voici: c'est que sans préparation on a invité la multitude à toucher aux matières politiques, et que des charlatans de tréteaux lui ont persuadé qu'elle pouvoit y comprendre beaucoup de choses. Voilà ce qui a reconstruit parmi nous la tour de Babel, et ce qui a fait de la politique une logomachie, où l'écrivain le plus plat, le plus monstrueux, le plus infidèle a pu figurer avec un avantage passager et trouver des auditeurs. Or les vérités politiques sont moins dans la tête de l'homme de génie que dans le cœur de l'homme vertueux: mais quand on n'a ni génie ni vertu on écrit comme faisoient les Jacobins. Leurs placards, leurs journaux ont, comme les sauterelles d'Egypte, mis en putréfaction la nation française. Rien ne put la sauver de la pestilence cadavéreuse, ni les écrits de Brissot, ni ceux de Condorcet. Leurs opinions furent repoussées. Ainsi le peuple trompé par les mauvais écrivains est et sera toujours le premier échelon sur lequel tous les ambitieux ont mis et mettront le pied pour s'élever.

L'art d'écrire est le premier de tous: son influence est grande, vaste, durable; et voilà pourquoi il doit s'imposer à lui-même des limites. Ainsi l'emblême antique du char de feu qui mal conduit, embrâse l'univers, reçoit ici sa juste application.

La révolution préparée dès long-tems par les écrits des sages, avoit fait son explosion: les insensés, les ambitieux, les fripons s'en emparèrent. Bien-tôt ils osèrent dire : *Nous avons tout fait.* A les entendre la plume des Rousseau et des Raynal, le bras des vainqueurs de la Bastille, tout leur appartenoit.

CHAPITRE XLIX.

Philosophisme.

L'amalgame des doctrines de Rousseau, Voltaire, Helvétius, Boulanger, Diderot, avoit formé une espèce de pâte (que l'on me pardonne cette expression) que les esprits ordinaires ne pouvoient digérer, et qui leur devint nuisible. Les vieux principes ridiculisés, on les nia, on les abandonna. On fit plus: une foule d'étourdis enchérissant sur les esprits forts, substituèrent le système de l'athéisme et de la licence à des idées philosophiques. Le Philosophisme dut son origine à ces livres mal lus, mal compris, mal entendus, tant il est difficile de faire descendre certaines vérités parmi une génération qui n'y est pas disposée. Des émanations contagieuses sortirent de ces doctrines modernes. Collot-d'Herbois, Billaud-de-Varennes, Lequinio, Babœuf, Antonelle, se croyoient des philosophes. L'ignorance engendre la barbarie, mais un demi-savoir fait pis encore; il fait circuler une foule d'erreurs dans toutes les veines du corps politique; il fait au nom de l'humanité toutes sortes de maux à l'humanité. Tout bouleverser et faire ensuite les théologiens, n'ont-ils pas pris ces extravagances pour des principes politiques?

Ah! nous le répétons; si les ombres de ces grands hommes avoient pu soulever la tombe qui les couvre, en voyant de tels interprètes, ils auroient dit: Pourquoi avons-nous écrit, pour avoir pour commentateurs des Babouvistes?

De quel étonnement ne fus-je pas frappé en entendant les Parisiens justifier tous les écarts de l'imagination par de prétendus passages horriblement défigurés! Ce fanatisme nouveau, et que les successeurs de Babœuf voudroient rallumer, creusa le lit à ce fleuve de sang qui a traversé la révolution française; et c'est ce qui m'a fait regarder Voltaire et Helvétius d'un tout autre œil que je ne les avois considérés jusqu'alors.

CHAPITRE L.

Insouciance.

Au milieu de ces grandes convulsions, au milieu de ces cris contre tous les gouvernans, au milieu de ce ton généralement moqueur, j'entends le son du tambourin, le violon raisonne : jugeons-nous dans les soixante bals quotidiens qui mettent tout Paris en cadence ; jugeons-nous aux vingt-deux sales de spectacle ; jugeons-nous d'après cette foule de restaurateurs : l'abondance des consommations dénonce le grand nombre des consommateurs. Là où tout arrive et se vend, il est clair que tout s'achète et se paye ; et ce qui sera remarquable, c'est que la bayonnette a fait tourner la broche.

„*Il ira loin, car il croit ce qu'il dit!*" ce mot est profond. Le Parisien n'a jamais cru au malheur, à l'esclavage, à l'asservissement; il a regardé comme de véritables tempêtes ces spectacles sanglans; il a vu passer toutes les violences comme la fumée des hécatombes: et ce dut être pour les étrangers, s'il y en avoit alors, un spectacle à la fois imposant et bizarre, de voir le contraste de nos grands intérêts et de nos petites passions, notre soif d'amusemens, et nos murmures perpétuels.

„*Je ne me mêle pas des affaires du ménage*," disoit cet homme auquel on venoit annoncer que le feu étoit à sa maison. Voilà ce que disoit chaque boutiquier lorsqu'il apprenoit les exécutions du jour ou du lendemain.

CHAPITRE LI.

Présence d'esprit d'un jeune homme.

Je l'ai connu; c'étoit dans l'horrible nuit du 2 Septembre qu'il attendoit la mort. Déjà quelques cris plaintifs s'étoient fait entendre: sur les onze heures du soir les chiens aboyoient avec force; la voix rauque des guichetiers retentit; il se fait un silence: il étoit dans la prison du Châtelet: on entend crier dans la rue: *Vive la Nation!* Ce cri fait naître la joie la plus grande parmi les prisonniers qui se mirent dans la tête qu'on les envoyoit aux frontières, et ils crient de toutes leurs forces: *Vive la Nation! allons aux frontières!*

Un nouveau silence règne : tout-à-coup les aboyemens des chiens redoublent ; les assassins ivres ouvrent le guichet et entrent tout sanglans dans la cour, le sabre à la main : on entend rouler les énormes verroux ; sept à huit fantômes paroissent ; ils sont couverts de sang, ainsi que les glaives dont ils sont armés ; d'une voix effrayante, ils ordonnent à leurs victimes de sortir. Un guichetier se promenoit l'air rêveur, le jeune homme se jette à ses pieds, en lui demandant grace : cet homme quoique naturellement dur, frémit et ne peut s'empêcher de verser quelques larmes. On traîne le prisonnier entre les deux guichets : c'est-là que d'un côté on voyoit des cannibales armés de sabres et de piques toutes rouges, la rage peinte sur la figure, et qui n'attendent que le moment de frapper ; de l'autre, un comptoir garni de brocs de vin et de verres ensanglantés. Les commissaires étoient debout et demandoient aux prisonniers leurs noms; après quoi on les faisoit passer à la porte où ils étoient assassinés, et leurs derniers gémissemens étoient toujours suivis des cris répétés de: *Vive la Nation!* Leurs cris déchirans venoient accabler les malheureux qui attendoient leur tour. Quelquefois on ne leur donnoit pas le tems de s'expliquer; la voix terrible du commissaire prononçoit ces mots: *Qu'on le conduise.....* Mon jeune homme alloit être frappé; mais il dit aux assassins qu'il étoit-là pour dettes, et que si on lui ôtoit la vie, on lui ravissoit en même-tems la douce satisfaction de payer ses créanciers: tous ces meurtriers alors s'écrièrent: „C'est juste, il ne faut pas le tuer,“ et il fut mis de côté, avec le petit nombre de ceux qui échappèrent à leur rage.

Mon jeune homme m'a dit qu'ils continuèrent jusqu'à quatre heures du matin à égorger, ce qu'il entendit un des chefs des assassins abordant le concierge, lui dire en lui montrant son sabre encore tout fumant: „Tiens, il „en a mis bas plus d'une centaine, et „si tu nous caches quelqu'un, il va te servir à toi-même.“ Le concierge lui répondit avec calme: „Je sais que ma „vie est entre tes mains, mais je ne „cache personne.“ Mon intéressant jeune homme sortit aux acclamations des spectateurs; et à peine eut-il fait dix pas, qu'il aperçut, sur le Pont-au-change trois cents cadavres plus ou moins horriblement mutilés. Sur trois cent cinquante prisonniers, il n'en échappa guères que trente dont la moitié étoit des voleurs.

CHAPITRE LII.

Chevelures blondes.

Par quelle inconcevable combinaison, quelques hommes étoient-ils parvenus non-seulement à paraliser, mais à décimer la Convention nationale et à s'attribuer la puissance effroyable de mettre en arrestation les membres qui la composoient, sous les yeux et de l'avis de leurs collègues? Ce qu'il y a de plus inconcevable, c'est qu'il n'existoit à l'ancien comité de salut public aucun ordre de délibération. C'étoient un ou deux, ou trois de ses membres qui arrivoient, qui commandoient, qui ordonnoient sans la participation des autres, selon que le hazard les avoit amenés, et toutefois avec l'assentiment tacite de tous, qui approuvoient les décisions avec une confiance réciproque. C'est peut-être à ce tranchant dans la volonté, à ce défaut de plans systématiques, à ces décisions brusques et précipitées, que l'on doit le spectacle de la vélocité des opérations majeures qui ont eu lieu. Le principe qui faisoit tout mouvoir étoit une tendance perpétuelle aux mesures fortes, vigoureuses et terribles: chacun étoit disposé à tout faire avec emportement et violence; et la tête de cette tyrannie nouvelle étoit perpétuellement voilée: il n'y avoit point d'amendement à ce despotisme que chacun exerçoit à son tour.

Les idées dévastatrices étoient les idées dominantes de ces fougueux gouvernans; et leur élévation au faîte de la suprême puissance fut dans nos orages politiques, ce qu'est l'apparition extraordinaire des monstres inconnus, que les vagues soulevées offrent dans les tempêtes des mers. Plusieurs de ces monstres cependant ressembloient au petit chien de l'un des jolis contes du naïf Lafontaine, qui en se secouant faisoit tomber l'or et les pierreries. L'assassin des fermiers généraux, le législateur Dupin, chargé de surveiller l'inventaire et la vente de leurs riches successions mobiliaires, leur prètoit des bijoux, des diamans, de la vaisselle.

Ils avoient une maxime favorite à la bouche : c'est que Paris étoit trop grand; qu'il étoit à la République par sa population ce qu'est à l'homme l'affluence violente du sang vers le cœur, et qu'on pouvoit phlébotomiser : on en disoit tout autant à Versailles.

Toutes les sentences homicides de l'antiquité leur étoient familières; et ils disoient sans cesse : Qu'est-ce que la génération actuelle, devant l'immensité des siècles à venir?

Chénier ayant fait dire au théâtre dans une tragédie :

...... des loix et non du sang

cet hémistiche fut un ver rongeur lancé au cœur des tyrans; et ils trouvèrent sur-tout ce vers de la même tragédie très-contre-révolutionnaire:

N'est-on jamais tyran qu'avec un diadème?

Nous ne parlerons pas de l'expression de Barrère: *Battre monnoie sur la place de la Révolution.* C'étoit Amar qui tenoit le balancier.

Le ridicule se joignoit à tant d'atrocités: le 26 Floréal on entendit à la commune de Paris un nommé Payan dire: „Il est une nouvelle secte qui vient de se „former à Paris: jalouse de se réunir „aux contre-révolutionnaires par tous „les moyens possibles, animée d'un „saint respect, d'une tendre dévotion „pour les guillotinés: ses *initiés* font „les mêmes voeux, ont les mêmes sen- „timens, et aujourd'hui les mêmes „cheveux: des femmes édentées s'em- „pressent d'acheter ceux des jeunes „blondins guillotinés, et de porter sur

„leur tête une chevelure si chérie. C'est „une nouvelle branche de commerce, et „un genre de dévotion tout-à-fait neuf. „Ne troublons point ces douces jouis- „sances; laissons, respectons même les „perruques blondes: nos aristocrates „serviront du moins à quelque chose: „leurs cheveux cacheront les têtes chauves „de quelques femmes, et la courte che- „velure de plusieurs autres qui ne furent „jamais jacobites que par leurs cheveux."

Qui croiroit qu'un tel discours a été tenu? Ce fut à cette époque que commença le règne des perruques blondes; comme si les femmes avoient voulu braver par ces représailles et ces ironies sanglantes. A toutes ces atrocités, à ces épouvantables ridicules, on n'op- posoit que ces mots: *Nous sommes en révolution.* Quelle étoit donc la magie de ce mot imposant de *révolution?* Le gou- vernement révolutionnaire n'auroit dû être qu'une suspension sagement calculée de certains droits du peuple, qu'il ne peut exercer dans des circonstances difficiles: c'est la liberté publique en péril, qui seule nécessite cette institution pour le salut de la patrie. Mais le gouvernement d'alors n'a été que l'organisation réfléchie de tous les vices, de tous les crimes destructeurs du bonheur social.

CHAPITRE LIII.

Fournées.

C'est ainsi qu'on appeloit les accusés amenés devant le tribunal révolutionnaire de tous les cantons de la République; surpris de se trouver réunis dans une même charrette et dans une même affaire des Pyrénées orientales au bord de l'Escaut, des rives du Rhin à celles de la Gironde; tous envoyés à l'échafaud, tous condamnés sans être jugés, tous au moins jugés sans être entendus, plusieurs même sans être accusés.

Lorsqu'on eut forgé les conspirations des prisons à dessein de tuer un plus grand nombre, on appela les victimes *les cardinaux*, parce qu'ils avoient la chemise rouge. On la vit sur le corps modeste et voluptueux de Charlotte Corday; et c'est en souvenir de cette femme courageuse que plusieurs personnes de son sexe ont porté et portent encore un schall rouge.

. . . . . . Il faut que la rigueur,
Trop nécessaire appui du trône d'un vainqueur,
Frappe sans intervalle un coup sûr et rapide;
C'est un torrent qui passe en son cours homicide.
Le tems ramène l'ordre et la tranquillité;
Le peuple se façonne à la docilité;
De ses premiers malheurs l'image est affoiblie,
Bientôt il les pardonne et même il les oublie.
Mais lorsque goutte à goutte on fait couler le sang,
Qu'on ferme avec lenteur, et qu'on r'ouvre le flanc,
Que les jours renaissans ramènent le carnage;
Le désespoir tient lieu de force et de courage,
Et fait d'un peuple foible un peuple d'ennemis,
D'autant plus dangereux qu'ils étoient plus soumis.

(VOLTAIRE. *Orphelin de la Chine.*)

Les vers de Voltaire ont menti: la scène du monde a été ensanglantée à Arras, Marseille, Cambray, Saumur,

Lyon, Nantes, Oranges, Bordeaux: aucune des victimes, dans aucun lieu que je sache n'a fait résistance; toutes ont subi la mort avec une sorte de calme: l'impassibilité des spectateurs avoit passé dans leurs ames. Les bourreaux n'étoient point insultés. Jamais on ne vit dans le monde cette espèce de concordat entre les assassins et les assassinés. Ceux-ci sembloient dire: Vous ne m'ôterez point ma fermeté; et les autres sembloient répondre: Bien d'autres passeront après vous.

Ainsi que les poëtes nous peignent les simulacres de l'affreuse Gorgonne paralisant les bras de ses regards, de même ces innombrables sacrifices humains, ces flots abondans du sang des citoyens, ne frappèrent que des ames passives. On eût dit une forêt mise en coupe réglée, tant l'indifférence étoit grande ou du moins muette, tant la nation française sembloit s'être condamnée elle-même à passer par toutes les horreurs des décemvirs. Amar dîne et soupe en ville; et les fondateurs de la République lancés à l'échafaud pour leur zèle envers la liberté, sont peut-être encore outragés par la bouche de ce monstre.

Tandis que la hache retentissante ne soulevoit à la place de la révolution ni le courage, ni le bras d'un seul homme, les commissaires s'introduisoient tout-à-coup dans les maisons, furetant tous les coins des appartemens, forçant le secret des armoires, brisant le cachet des lettres, des dépôts, des testamens; se précipitant sur le moindre chiffon pour trouver des signes de conspiration dans des phrases oiseuses, dérobant les assignats, l'or, l'argent, les bijoux: et ce fut alors que l'on vit ce nombre prodigieux d'incarcérations du créancier par le débiteur, de l'amant favorisé par le rival rebuté, du mari outragé par l'adultère impuni, de l'artiste habile par l'artisan jaloux, des maîtres par leurs domestiques, du juge impartial par le plaideur condamné, du militaire d'un grade supérieur par son inférieur envieux.

Un Dupin, valet d'Amar, coupe-tête de la maltôte, avoit tout prêt un nouveau rapport sur les adjoints des Fermiers-généraux, et il brûloit d'exercer à leur égard le bénéfice d'inventaire au nom de la république. Et dans l'intérieur des maisons, c'étoit à qui tremblant d'avoir des gravures, des tableaux, des statues, des livres, des manuscrits, en effaceroit les armoiries et les plus légers emblêmes du tems passé; c'étoit à qui brûleroit les lettres de l'amitié, de l'amour, de la parenté, de la reconnoissance. Une foule d'ouvrages plus ou moins curieux ont été immolés à cette crainte universelle. Les paroles d'Omar à l'égard de l'Alcoran ne furent pas plus terribles que celles des décemvirs quand ils disoient avec une intention formelle: *Oui, nous brûlerons toutes les bibliothèques; car il ne sera besoin que de l'histoire de la révolution et des loix.* Qui pourroit reconnoître les Parisiens ; eux, qui avoient fait les 14 Juillet et 10 Août ?

CHAPITRE LIV.

Orléanistes.

Synonimes des Montagnards, ils ont toujours affecté de ne pas se connoître. Marat prodiguoit les injures à Philippe Égalité; et il étoit d'accord avec lui. Ce fut toujours le même point de contact dans le soulèvement de la populace, dans le *sans-culotisme.* Ces deux cruelles factions en s'immolant tour à tour quelques chefs, n'en ont fait réellement qu'une dans leur constante opposition à tout ordre, à toute règle; et jusqu'à la république dont elles ne vouloient que le mot, tout a été pour elles un moyen de troubles et de discordes.

Vous avez vu l'automate qui joue aux échecs: un pied habile presse sur le parquet les invisibles ressorts. Le Cabinet britannique a dirigé plus d'un mouvement: ils ne pouvoient être l'ouvrage du hazard.

Chapitre LV.

Furies de Guillotine.

Femelles des hommes des 2 et 3 Septembre (voyez *Septembriseurs*), elles ne désemparoient pas les tribunes lors des *deux sanglans comités*; elles environnoient les échafauds; elles vociféroient dans les groupes; elles retroussoient leurs manches le 4 Prairial pour assassiner les conventionnels. C'étoit-là le bataillon sacré de *Philippe d'Orléans.*

Tandis que les Directeurs passoient en carrosse sur le quai du Louvre, pour se rendre à l'Institut national, des *Furies de Guillotine* hurloient toutes les imprécations de l'enfer contre eux et contre la constitution de 95. On regrettoit hautement Robespierre et Dumas. Un honnête homme effrayé de ces hurlemens arrêta un journaliste patriote, et le forçant de venir les entendre avec lui, afin qu'il ne pût en douter, lui dit ensuite: Eh bien! vous ne tremblez pas?.... Le journaliste répondit: Je crains encore plus un roi que cette canaille.

Chapitre LVI.

Les quarente sols.

L'esprit des scélérats surpasse le sens ordinaire des hommes, ainsi que l'esprit des voleurs avec de certaines clefs se rit de la prudence de l'avarice. Les passions s'expriment sur-tout par le son de la voix : on ne commande point une inflexion du gosier. J'ai fait cette réflexion en entendant les harangueurs du peuple : ils avoient des voix rauques, dures ou criardes ; avant de les voir j'avois deviné leur phisionomie. C'étoit un spectacle risible de voir des huissiers et des records transformés en orateurs. Mais leur logique sanguinaire effaçoit tellement le ridicule de leur rôle, que l'on frémissoit de leur brutale éloquence; car elle précédoit la captivité et la mort. La méchanceté de l'homme n'est pas tant dans les écarts de sa raison, que dans la défaillance du sentiment qui doit lui servir de guide. Où ces harangueurs avoient-ils puisé l'audace de parler en public, eux, qui ne savoient rien, eux, qui par leur tempérament physique n'étoient susceptibles d'aucune pudeur? Leur visage ne rougissoit point de crainte; ils n'avoient pas celle de l'orateur romain. Chaque fois qu'ils montoient à la tribune, ils vociféroient comme des hommes qui ayant rejeté l'inégalité des conditions, avoient admis l'égalité des talens.

Chaque district eut donc ses harangueurs, qui étoient payés à 40 sols ainsi que les auditeurs. Ce fut-là le chef-d'œuvre de la démagogie: Danton en fut l'inventeur; et il sentit bien qu'en arrachant l'ouvrier à son attelier ou à sa boutique, il haussoit subitement la main-d'œuvre, et qu'il exposoit la classe aisée à se taire, à payer, ou à être égorgée. Cette invention qu'on traita de bisarre étoit le résultat d'une réflexion profondément malicieuse et perverse : elle faillit désorganiser tout ordre et toute police. Heureusement que les habitudes anciennes prévalurent.

Chapitre LVII.

Fédéralisme.

La fable du fédéralisme fut inventée par les décemvirs pour mieux proscrire et assassiner les représentans du peuple qui avoient dénoncé à la France entière l'horrible journée du 31 Mai, époque de l'audace et de la fureur proconsulaire. Moins on comprenoit le mot fédéraliste, plus la tyrannie dictatoriale s'en servoit contre ceux qu'elle vouloit perdre. On n'a pu trouver nulle part les vestiges d'un fédéralisme imaginaire, tandis que les nombreux attentats de ces hommes sanguinaires n'ont été que trop réels.

Chapitre LVIII.

Soupers fraternels.

Chacun, sous peine d'être suspect, sous peine de se déclarer l'ennemi de l'égalité, vint manger en famille à côté de l'homme qu'il détestoit où méprisoit. Le riche appauvrit tant qu'il le put le luxe de sa table : le pauvre se ruina pour cacher sa misère; et tandis qu'il avoit consumé par orgueil tout le produit de sa semaine, son modeste repas l'avoit fait rougir auprès de celui qui croyoit s'être bien *sans-culottisé*. La jalousie d'un côté, les orgies de l'autre, changèrent en bacchanales ces soupers prétendus fraternels; le mécontentement étoit général; et ceux qui les avoient commandés, dénoncèrent comme agens de Pitt et de Cobourg tous les peureux qui leur avoient obéi.

Chapitre LIX.

Du Clergé.

Londres rompit avec Rome, se fit son Pape; et le chef-roi de l'église Anglicane, en succédant chez lui aux successeurs de St. Pierre, prouva que la chaire pontificale n'étoit pas vacante en cessant d'être occupée par eux. C'étoit réunir dans la même main le sceptre et l'encensoir.

Frédéric en Prusse, appela, accueillit, logea toutes les sectes; elles y vécurent toutes en parfaite intelligence. Ministres romains, luthériens, calvinistes, soupèrent ensemble, et invitèrent même le *Rabin* s'il étoit propre et instruit. Les temples de tous les cultes furent bâtis sur le même plan, et l'on ne parla controverse qu'aux prêches et aux sermons.

La république des Etats-Unis donna le double exemple d'admettre tous les cultes, et d'exiger que tout citoyen en suivît un selon son choix. Nous n'avons imité l'Amérique qu'en partie: suit un culte qui veut. On s'est éloigné d'une religion dominante; et pour éviter un âbîme on est tombé dans un autre. Je souhaite fort de m'être trompé à cet égard.

Quand dans l'Assemblée constituante on prononça le mot *Constitution civile du Clergé*, tout en décrétant la liberté des cultes, le Clergé sourit et ne dit mot: il sentit bien qu'il avoit gagné. Et sans les deux fautes qui furent faites ensuite; la première de lui demander un serment personnel et clérical; l'autre qu'il fit en le refusant, nous aurions peut-être aujourd'hui un clergé constitué bien civilement, bien inconstitutionellement et bien impolitiquement.

La politique des anciens eut un grand avantage, c'est qu'ils avoient tous la même religion, et que cette religion n'avoit point de secte. Le Panthéon de Rome étoit ouvert à tous les dieux vaincus par elle. Les nouveaux venus y étoient reçus avec tous les honneurs de la guerre; et les nations subjuguées retrouvant à Rome les autels de leurs nations, se croyoient dans leurs temples. Mars y étoit honoré comme en Thrace, Diane comme en Tauride, le Jupiter du Capitole étoit le même que le Jupiter Olympien, et Venus sur-tout étoit aussi bien servie à Rome qu'à Gnide. Si un Dieu nouveau paroissoit, on lui offroit de bonne grace un autel tout neuf; on ne disputoit point sur sa nature.

Le sacerdoce, ou du moins le pontificat, n'étoit pas une fonction isolée. On tâchoit d'être grand-prêtre de Jupiter quand on avoit manqué le consulat ou la questure. Le rit aussi étoit favorable à la police: falloit-il ajourner une assemblée de section, les poulets sacrés avoient mal déjeûné; et les citoyens restoient chez eux: les augures en étoient quittes pour sourire en se rencontrant. Le foie des victimes étoit aux ordres des généraux: les cérémonies étoient toutes militaires ou civiles; la procession se faisoit dans le camp, et l'office aux jeux isthméens ou olympiques.

Mais la peur que nous avions du catholicisme, le souvenir des maux qu'il nous avoit faits, l'idée de son intolérance, la rage délirante de ses prêtres, les messes secrètes, où l'on cabaloit contre le gouvernement républicain, tout détermina celui-ci à décider que tous les cultes seroient libres, ce qui étoit dire en d'autres termes: nous ne voulons pour nous d'aucun culte.

Chapitre LX.

Conciliabules.

Les Parisiens ont voulu imiter les Anglois qui se réunissent dans leurs tavernes et y agitent les affaires d'état les plus importantes; mais cela n'a point pris, parce que chacun vouloit présider dans ces conciliabules. Il y avoit une incohérence épouvantable; aucune liaison, aucun système n'en caractérisoit les opérations. Un politique à courte vue, sorti de sa boutique ou de son étude tracassière, faisoit un jour un rêve, le lendemain un autre: faut-il s'étonner ensuite des disparates, des absurdités qui en émanèrent.

Paris révolté des déprédations et du scandale de ses rois, des prodigalités et des incestes de Louis XV, crut que la morale la plus pure alloit règner sans obstacle. Le bonnet rouge étoit l'enseigne de ces nouvelles vertus. Quelle erreur plus profonde! elle appartint d'abord presqu'exclusivement aux dernières classes parisiennes, et de-là elle se répandit dans les villes du second et du troisième ordre; et si la bayonnette républicaine n'eût pas effacé l'opprobre du bonnet rouge, la France auroit passé pour n'avoir que des lâches. Mais dans ces jours de honte et de crime, où tout ce qui avoit quelques vertus étoit sur l'échafaud ou dans les prisons, nos grands généraux et nos braves soldats sauvèrent de l'esclavage le sol de la France qui alloit devenir un désert.

Le comité de salut public, dit-on, n'a-t-il pas fait trembler l'Europe? auroit-on attendu ces effets des hommes qui l'ont la plupart du tems composé? Non; mais ce n'étoit pas eux qui agissoient: ils ont fait de grandes choses à leur insçu et, pour ainsi dire, malgré eux.

C'étoit l'anarchie qui, heureusement pour la France, se fit un systême de réparation, en même-tems qu'elle frappoit de tous côtés pour détruire. Tous les destructeurs à cette époque horrible croyoient travailler pour eux seuls, et ils ont travaillé pour le salut de la France : poussés par une force irrésistible, avec de médiocres talens ils ont opéré des prodiges ; parce que les populaciers dans tous ces mouvemens tumultueux ne s'aperçurent pas qu'ils n'étoient que des instrumens.

Les deux sanglans comités eurent nécessairement besoin d'un grand nombre de *faiseurs :* il fallut que ceux-ci travaillassent à raison de l'immensité des objets, et qu'ils gagnassent leur argent. Cette association au gouvernement, tout horrible qu'il étoit, fit sa grande force ; et en le servant du côté des bourreaux, on servit de l'autre la chose publique ; car l'on vit marcher, ce qu'on n'avoit pas encore vu, une armée de lâches geoliers, et une armée d'intrépides soldats.

Voilà ce que l'histoire aura peine à débrouiller un jour : Paris offrit une multitude d'écrivassiers, un bataillon de coupes-têtes; tout cela étoit cruel, vil, abominable; mais c'étoit de la force; et c'est la force qui pousse les hommes et qui en compose peu à peu un tourbillon irrésistible qui enveloppe tout, entraîne tout. Hommes, biens, propriétés, tout fut, pour ainsi dire, enlevé dans ce terrible ouragan qui ébranla le sol entier de la France, mais qui fut devant l'ennemi ce qu'est une trombe qui noye ou brûle tout ce qu'elle rencontre.

Heureux, qui put se dérober à l'orage, et qui ne fut pas jeté de place en place par le flot bouillonnant! Les Chaumette et les Hébert devoient ouvrir des leçons d'athéisme à Paris ; et qui n'eût pas été athée, auroit reçu un acte d'accusation pour avoir calomnié le peuple et la révolution.

Chapitre LXI.

Qu'il soit Loup!

C'étoit le terrible cri de mort des législations normandes et saliques: *Wargus esto, qu'il soit loup*! et que par-tout où il sera saisi, on le tue. Eh bien! ce cri a été renouvelé lors de la despumation du gouvernement révolutionnaire. On a dit de Condorcet, de Vergniaud, de Guadet et de plusieurs autres républicains: *qu'ils soient Loups!* et le Parisien a répété: *ils sont Loups!* et tous ont été engloutis par la terreur. L'ami est devenu étranger à son ami; et tous ceux, qui comme Brissot et Gorsas, n'avoient que déposé périodiquement leurs pensées sur les moyens d'introduire et d'affermir chez nous la liberté et la justice, furent compris sous un anathême général qui prit sa source à Paris dans un esprit royaliste, et qui vit surtout dans les greffes poudreux des notaires, des anciens procureurs, et de tout ce qui compose ce plumitif toujours lâche parce qu'il ne sait que pilloter, et que son esprit n'a jamais été et ne sera jamais que celui de la chicane.

On dit au peuple qu'il ne seroit libre qu'après avoir tout détruit; et le bourgeois vit détruire la noblesse avec une certaine joie, parce qu'il comptoit bien se mettre à sa place. Les pauvres Parisiens sans trop s'en douter se liguèrent avec les ennemis du dehors, pour ne pas avoir reconnu les trâmes des royalistes. Ils prirent la sédition pour la politique, et la mort pour la justice.

La famine et l'usure s'emparèrent de la ville; elle manqua d'être renversée: l'Assemblée constituante fit la faute horrible d'autoriser le commerce de l'argent et d'anéantir les loix qui condamnent l'usure.

On vit s'élever club contre club, ces enfans monstrueux du trouble et de la fureur, connus chez les anciens sous les noms de *sodalités* et de *synodes*, mais si sévèrement défendus par la sagesse des lois romaines, et que Thucydide a regardés avec raison comme des foyers de sédition.

Le sistème social fut ébranlé jusques dans ses fondemens; et si Paris n'a pas vu sa ruine entière, ce fut un miracle: on ne lut pendant long-tems que des écrivains gagés pour corrompre l'esprit public, pour entraver tout, pour paraliser tous les ressorts du corps politique, pour égarer ce peuple léger et ignorant, sur qui sont toujours retombés en dernière répercussion les coups que les factions portèrent à l'état.

Chapitre LXII.

Ça ira.

Cette chanson qui n'est pas un modèle de poësie, mais qui a donné un exemple fappant du pouvoir de la musique, présida aux travaux du Champ de Mars, et excita un transport universel dans tous les spectacles. Le sang ne couloit pas à cette époque; l'amour pour la révolution étoit entier, l'énergie étoit pure, l'idée du meurtre ne s'y mèloit point; on répétoit *ça ira* d'un concert unanime. En vain le libertinage voulut profaner cette expression; on apprécia à sa juste valeur une plaisanterie d'un mauvais goût, pour ne s'attacher qu'au véritable sens: *ça-ira!*

la liberté s'établira; malgré les tyrans tout réussira.

Le mot *ça ira* étoit d'ailleurs respectable par son origine; nous l'avions emprunté du célèbre Franklin: c'étoit son expression favorite dans le plus fort de la révolution d'Amérique.

CHAPITRE LXIII.

Le Tireur de cartes.

A quoi servent les livres, les académies, les instituts, les travaux des philosophes, tous ces flots de lumière qui ont illustré et qui illustrent encore notre siècle? Aucun de ces rayons n'a pénétré la masse du peuple; il est toujours le même; les mêmes superstitions l'assiégent: il n'a pas perdu une seule de ses erreurs antiques.

Ce qu'on appeloit la bonne compagnie a été la dupe de Cagliostro et de Mesmer, deux hardis charlatans qui insultoient aux premières lois de la saine physique. Ils n'en ont pas moins empoché l'argent de la bonne compagnie, tandis qu'elle se moquoit de ceux qui dans les carrefours achetoient pour deux sous les petits paquets des vendeurs d'orviétan. Les sauvages du Canada consultent les devins, les sorciers; ils ajoutent foi aux prédictions de leurs jongleurs. Le peuple de Paris n'est guères plus avancé qu'eux: comme eux, il a ses jongleurs dont il sollicite, dont il dévore les oracles: je m'en suis convaincu par moi-même.

Rue d'Anjou, près la rue ci-devant Dauphine, n°. 1773, au premier, loge un tireur de cartes des plus accrédités. Il se nomme *Martin*, et il affecte le langage italien: c'est-là que, nouveau Trophonius, il rend des oracles; c'est enfin là qu'il a placé son antre sibyllitique.

On entre par une petite cour; on monte. La cour, les escaliers sont obstrués de personnes de tout sexe et de tout âge qui ont l'air d'ames en peine, et qui font queue pour attendre à leur tour la décision du tireur de cartes.

Là, j'ai vu des femmes avec des plumes, des jeunes gens bien mis et qui avoient l'air très-sérieux: j'ai considéré avec étonnement ces visages blêmis par la crainte et par l'espérance, et je me suis cru un instant sur le seuil du purgatoire.

Je parvins à mon tour et avec peine jusqu'à l'oracle. Je me figurois voir un homme de haute stature, à la barbe blanche, aux yeux enflammés, au ton prophétique; ainsi que le prenoit Cagliostro, ainsi qu'il l'avoit pris devant moi à Strasbourg, lorsque je me mis à lui rire au nez tant il me parut grotesque dans son rôle emphâsé *); point du tout. Martin, l'oracle, est

*) Il étoit alors à la suite du Cardinal-Collier, dont l'affaire, en ridiculisant la cour de France, a opéré le désenchantement du peuple français.

un cul-de-jatte, ayant ses béquilles à ses côtés, et qui au moindre mouvement les saisit avec une rapidité incroyable, et traîne dans son étroit et sale appartement ses deux jambes encaissées. Il a dans sa main un jeu de cartes du jeu de Tarots, et une grande carte géographique couvre sa table. Il a l'air gai, ferme et décidé; il soutient votre regard avec l'assurance la plus complète. Deux espèces de commis entrent et sortent sans cesse pour annoncer les arrivans.

On ne rit point dans ce sanctuaire, et moi-même j'en perdis l'envie en contemplant tant de figures demi-consternées et qui ne plaisantent pas sur les oracles qu'elles viennent de recevoir. On s'assied dans un vieux et large fauteuil. Il interroge tout bas et il marmotte à chacun sa sentence. Il place le doigt sur la carte géographique, et il m'a paru que c'étoit dans l'instant des plus augustes révélations.

La joie est dans ses yeux en voyant l'affluence de tant de questionneurs. Il bat, il mêle incessamment ses cartes: elles en sont devenu grasses. On diroit qu'il lit dans ce jeu; il attend vos premières paroles, et il tient alors les yeux baissés. Cependant l'argent pleut sur sa table. Je puis certifier, d'après les renseignemens que j'ai pris, qu'il fait au moins six à sept louis par jour; car le plus pauvre devient prodigue lorsqu'il veut percer la nuit des destins. Lorsqu'on ne lui offre que douze sous, il jette la pièce avec dédain, et dit avec un air de dignité: *Allez trouver des tireurs de cartes du Pont-neuf et des carrefours.* Le consultant rougit et offre la grosse pièce. — Non, jamais défunt académicien français n'a mis plus de distance entre lui et un académicien de province. Quoiqu'il gagne beaucoup, son antre a constamment l'air d'un galetas. Il sait qu'on ne le consulteroit plus s'il habitoit dans un appartement propre et superbe. Il a fort bien deviné par instinct que le peuple ne croyoit à l'esprit prophétique que dans un lieu qui eût l'air d'un certain désordre. Il élève souvent la voix, et quand ses arrêts formidables sont rendus, il fait un signe, et l'on se retire.

Là, nul ne se moque de son voisin: c'est à front découvert et avec un air craintif que chacun s'est avancé vers la table mystérieuse. L'on sort en rêvant aux paroles, et l'on n'affiche jamais une incrédulité entière. Qui veut rire ou sourire, ne rit là que du bout des lèvres.

Me voilà face-à-face du cartonomancier. Je n'ai point consulté l'oracle sur les événemens futurs ou passés; mais il m'a parlé (à la suite de quelques mots que je lui dis) de sa grande célébrité et des visites nombreuses et journalières qui depuis long-tems n'étoient pas interrompues. Il étoit obligé de travailler *telle destinée* deux ou trois jours, tandis qu'il ne falloit que deux minutes pour une autre. Il tenoit ce secret prophétique de son père auquel il avoit été légué et par succession de tems immémorial. — Pour quel objet vous consulte-t-on le plus ordinairement? — Pour les vols, me dit-il, pour les mariages, pour les effets perdus, pour les affaires de galanterie; mais il n'y a que moi pour les vols, appuya-t-il avec un ton altier; la police elle-même me consulte, et je suis toujours le premier qui indique l'endroit où s'est réfugié le voleur.

A ces étonnantes paroles je restai muet. — La police vous consulte! Oui, reprit-il, d'un ton affirmatif; car il n'y a que moi pour les vols; et italianisant de plus belle, il entra dans des détails qui prolongèrent notre entretien: l'assurance de sa physionomie ne varia point; et il avoit le ton et le propos d'un militaire qui raconte ses prouesses.

Ce qui a le plus frappé mon œil observateur, c'est que nul ne paroît honteux d'être venu en ce lieu interroger le sort; et c'est ce qui m'a surpris plus que tout le reste: on eût dit d'un café achalandé, et ayant enseigne. Il me venoit une foule de réflexions. Cet empressement, me disois-je, est-il fondé sur quelques chances heureuses, sur quelques ambiguités adroitement présentées, et saisies avec empressement par l'auditeur bénévole, ou plutôt n'est-il dû qu'à l'imagination craintive de l'homme?

Martin ne s'explique point sur les premières causes qui font courir chez lui tant de monde, car il ne pourroit pas vous parler sur la moindre question metaphysique ou morale; mais il paroît être dans la ferme persuasion que des signes matériels annoncent et précèdent les événemens de notre vie, et il regarde les formules qu'il emploie comme des vérités mathématiques. C'est un ignorant du premier ordre, doué d'une audace tranquille. On ne peut l'entamer sur rien; la Nature lui a donné le tempérament du charlatanisme au plus haut degré: ce n'est plus un jeu, même un métier; le charlatanisme est inné en lui. On s'étonne moins de ses succès, quand on a bien lu dans sa physionomie son imperturbabilité.

Il a un fils très-jeune pour lequel il se montre très-sévère; et le ton qu'il emploie démontre que, de quelque pays qu'il vienne, il a été étranger à toute espèce d'éducation. Cependant il ne manque point d'une sorte de politesse; il devine les nuances, et c'est avec cette habileté qu'il prend avec chacun le langage qu'il doit avoir: rustre et civil, n'est-ce point là le vrai charlatan?

Tous les jours de la semaine sa maison ne désemplit pas: le dimanche seulement il ne reçoit personne. Il chome le dimanche; le dimanche il monte dans une bonne voiture, défend qu'on le suive, et ne rentre que fort tard. On dit qu'il va promener son esprit prophétique dans la campagne, voir ses amis et peut-être rire avec eux de la crédulité des Parisiens. J'incline cependant à croire qu'il est lui-même complice, jusqu'à un certain point, du sortilége qu'il emploie. C'est ainsi que Bossuet croyoit bien une partie de certains dogmes et mystères, parce qu'il avoit un bon évèché; mais il se permettoit de ne pas croire le tout: c'est qu'on a toujours un peu de foi pour sa fortune.

Martin ne connoît ni les sorts de Dodône, ni les sorts de Préneste, ni les sorts Virgiliens, ni les sorts d'Homère, ni les sorts modernes des saints, lorsqu'on prenoit pour une annonce divine, pour une prophétie céleste, les premières paroles que l'on entendoit chanter en entrant dans une église. Il s'embarrasse peu de savoir si les Egyptiens, les Egyptiennes, les Bohémiens, les Bohémiennes ont tiré ou tirent encore les cartes à sa manière. Il se dit l'unique, ainsi qu'un littérateur se croit le premier homme du monde le jour qu'il a fait représenter sa ronflante tragédie.

Les tems désastreux que nous avons parcourus, les orages révolutionnaires ont pu conduire la foule chez Martin; mais il paroît qu'il est très-sobre en prédictions sinistres, et c'est probablement chez lui un calcul; parce qu'alors, ou on le paieroit moins, ou l'on pourroit corriger l'oracle ne pouvant battre la destinée.

Qui eût dit il y a dix ans à plus de six mille hommes qu'ils auroient la tête tranchée sur l'échafaud? ils eussent dit: Oh! nous ne sommes pas assez nobles pour cela: un grand seigneur seul auroit pu sourire de vanité.

Je voudrois bien savoir si Guillotin, dans sa jeunesse, s'est fait dire la bonne-aventure, s'il a consulté quelque devinateur, et enfin s'il a eu quelqu'idée de sa neuve et épouvantable immortalité. Supposons un nécromancien qui lui eût dit ces paroles: Tu seras médecin, et ton nom féminisé guérira des maux de la vie une portion du genre-humain. Qu'eût pensé Guillotin à ces mots amphibologiques?

Martin n'offre jamais des échafauds en perspective. Sont-ils donc abattus pour toujours? Puisse Martin ne pas se tromper! Et cependant l'on sait ce qui pourroit les redresser au milieu de nous, ces échafauds! Il ne faudroit qu'une pente plus rapide à la plus vile, à la plus misérable, à la plus honteuse des superstitions humaines, la royauté. L'on m'entend; mais Martin ne connoît ni l'histoire d'Angleterre, ni les révolutions Romaines; et roulant dans ses mains son jeu de *Tarots*, il ne fait aucun raisonnement politique.

Frappé de tout ce que j'avois vu, et ne revenant point de ma surprise, je me disois: Comment l'homme est-il si crédule? et je me répondois: C'est qu'il est prodigieusement sensible, et par-là même naturellement superstitieux; c'est que sa moindre existence est toujours dans le présent. Mais en admettant (car pour bien raisonner, il faut parcourir tout le cercle possible), en admettant qu'il y eût quelque chose de réel dans cette espèce de divination; si enfin il existoit certaines règles inconnues pour apercevoir l'avenir, ainsi que nous avons des méthodes pour fixer le passé; si nous avions près de nous un thermomètre inaperçu pour faire reconnoître les actions les plus cachées, ne faudroit-il pas alors brûler tous nos volumes, fermer nos académies, et nous moquer de la foule des écrivains? Le jeu de *Tarots* de Martin seroit le livre divinatoire, le livre par excellence; car c'est faute de préscience que nous commettons tant d'erreurs et de méprises.

L'empirique guérit quelquefois et au grand étonnement du médecin. Les hommes de génie que j'ai rencontrés dans ma vie, ne sont pas ceux qui se sont livrés à l'impression. Le mécanicien lève les épaules quand on lui parle du géomètre. Vaucanson disoit: Je vous ferai un géomètre à la suite de mon flûteur. Le pâtre lit dans le firmament, et sans avoir besoin des leçons de Lalande, les divers accidens des saisons. Les araignées, c'est un fait, nous ont fait prendre la Hollande. Tout est mystère, ténèbres; et si, comme je le pense, il n'y a que du charlatanisme dans le tireur de cartes, du moins Martin sait et sent encore mieux que tous les philosophes ensemble, que la sottise est et sera constamment l'apanage du plus grand nombre, puisque le flot des consultans va incessamment chez le cul-de-jatte, tandis que personne n'alloit consulter ni Montesquieu, ni Rousseau.

Toute la morale des Parisiens étant puisée dans Chaulieu et dans Barême, ils ne sont occupés profondément que de leurs plaisirs et de leur agiotage qu'ils décorent du nom de commerce. L'esprit judaïque s'appelle le talent du négoce. Sensibles aux plus légères pertes, leurs calculs mercénaires s'attachent aux moindres objets mercantilles ; et comme le vol et le larcin sont ce qu'il y a de plus commun entre eux, c'est aussi ce qu'ils redoutent le plus. Voilà pourquoi ils courent tour à tour chez Martin, qui de son côté a fort bien jugé qu'il devoit se donner comme le plus expert de tous les devins en fait de vols. Il ne changera pas son domicile. C'est à Paris qu'il doit battre les cartes pour les innombrables larcins qui s'y font: et c'est dans le même sens qu'un oculiste me disoit : Je quitte Paris, parce que les maladies d'yeux sont bien plus fréquentes dans les cantons qui sont voisins de la mer, à raison des coups de vent; je vais donc m'y établir.

En rappelant que notre Martin est cul-de-jatte, qu'il a le buste d'Asmodée, l'on s'étonnera moins de la vogue dont il jouit : les devins, les sybilles et les pythonistes ont toujours été représentés sous des figures étranges. On aime à marier à un être extraordinaire une chose extraordinaire. Un beau sorcier ne feroit pas fortune. Le Diable boiteux prospérera dans tous les pays. Je me rappelle qu'il y avoit aux portes de Notre-Dame, deux donneurs d'eau bénite; l'un étoit horriblement bossu, mais l'autre avoit l'avantage d'être cul-de-jatte. L'œil du fidèle hésitoit en entrant; sur vingt personnes, dix-huit tendoient les bras vers le goupillon du demi-homme, assis tout entier dans son écuelle de bois *): ce fut pendant trente ans une préférence marquée.

*) Les femmes sur-tout, plus pitoyables ou plus curieuses, et qui ne concevoient pas un homme sans haut-de-chausses, lui apportoient plus abondamment leurs aumônes.

Chapitre LXIV.

Citoyen.

Le frère du dernier roi s'appeloit Monsieur: nous étions donc tous des plagiaires ou des usurpateurs. Les grandes occasions sont rares pour frapper des termes qui sont d'un usage journalier. Tout le monde s'appeloit Monsieur; et dans cette égalité imaginaire, l'indigent et le pauvre se consoloient quand ils entendoient qu'on n'appeloit pas le riche autrement qu'eux.

Il n'y avoit qu'un pas du Monsieur au Monseigneur et à toutes ses dépendances; et voilà tout de suite, quel revers! quel épouvantable chaos! que le mot de Monsieur s'enfuit avec tout le protocole des *très-humbles, des considérations, des parfaites considérations, des serviteurs obéissans, très-obéissans, des respects profonds, très-profonds, les plus profonds*, avant d'arriver au bas de la page. On y substitue, ô sacrilége! le mot *Citoyen*.

Est-il dans l'univers un mortel assez vain,
Qu'il prétende égaler un citoyen Romain?

CORNEILLE.

Mais plusieurs ne voulurent pas et ne veulent pas encore de cette expression brève et simple: *Citoyen*. Ils disent qu'elle nous fut donnée dans un baptême de sang. On peut répondre que dans ce même tems la hache fatiguée étoit appelée le glaive de la justice, le fer des lois; ôterons-nous de notre vocabulaire le mot justice et le mot loi?

Ce mot est celui qui a le plus chagriné l'aristocratie; mais malgré tous ses efforts, ses lamentations et ses sarcasmes, il est devenu le nom patronimique de la liberté française, et il ne doit plus périr qu'avec elle: pourquoi? parce qu'on a tout fait pour l'anéantir.

Madame la Mairesse, *Madame l'Échevine*, *Madame la Prévote-des-Marchands*, *Madame la Notairesse*, ont des crispations de nerfs lorsqu'elles entendent dire Citoyenne au lieu de Dame: mais il faut en passer par-là; car l'on pourroit prédire que l'usage du mot Monsieur, substitué aujourd'hui au mot Citoyen, suffiroit pour tuer la république. Car il n'y a point de petit effort dont la force ne soit incalculable quand il est habituel et journalier.

Le législateur a su châtier l'amour propre; et sous ce rapport je trouve qu'il a remporté de grands avantages. Vainement l'Anglois affecte quand il prononce nos noms d'y joindre le mot *Monsieur;* nous n'en voulons plus; nous voulons tous notre nom de guerre.

le nom qui a constaté que nous n'avions plus de roi. Le titre de Citoyen français sera pâlir tous les potentats, et c'est ce que nous demandons.

Chapitre LXV.

Contre-révolutionner.

Dans le tems que les *Monarchiens* faisoient courir le bruit que les troupes Autrichiennes menaçoient nos frontières d'une invasion, un plaisant disoit que les courtisannes ou les dames de la cour (c'est tout comme) attendoient avec impatience les Talpaches et les Pandours-Allemands, pour se jeter dans leurs bras et y *contre-révolutionner* à leur aise.

On se doute bien que ce mot n'a pas toujours le sens qu'y attachent les dames de la cour, dans l'ardeur de leur aristocracisme. Il signifie dans le dictionnaire des anti-patriotes, former le projet, et tenter le moyen d'anéantir la révolution qui les anéantit.

Chapitre LXVI.

Sonnette.

C'est l'instrument avec lequel le président d'une assemblée en rappelle les membres à l'ordre, quand ses gestes et ses cris ne suffisent pas pour imposer silence. *La sonnette* ne réussit pas toujours à ramener le calme qui devroit règner parmi des hommes chargés de la plus importante et de la plus auguste de toutes les fonctions, celle de créer des lois pour la gloire et le bonheur de toute une nation.

On a fait cette épigramme contre les députés d'un département où les mulets abondent.

Quand *Foucaut*, *Chabron*, *Rochebrune*.
Sont une fois à la tribune;
Rien ne peut les en rappeler.
En vain la *Sonnette* les presse:
Le trio s'obstine à beugler.
Ces Messieurs-là sont d'une espèce
Que la *Sonnette* fait aller.

Chapitre LXVII.

Drapeau national.

Il n'est maintenant personne en France qui ne sache ce que c'est. Je desire pour le bonheur de l'humanité, que toutes les nations le sachent bientôt aussi, comme nous l'avons appris.

La plupart de nos drapeaux portent des devises. En voici quelques-unes: sur celui du district des capucins de Paris, on lit ces mots: *Nul ne nous fera la barbe.* Une inscription moins plaisante, mais plus civique est celle du drapeau d'un autre district: *Plus de noblesse que dans le coeur.*

CHAPITRE LXVIII.

Cocarde nationale.

Citoyens! sa définition est à votre chapeau. — Le jour qu'*Antoinette d'Autriche* vit revenir le roi de Paris à Versailles, avec la cocarde nationale au sien, elle dit: *Je ne croyois pas avoir épousé un roturier.*

Nos ancêtres, dit un de nos écrivains, n'auroient jamais deviné que *Cocarde nationale* eût pu devenir le titre d'un journal: .... mais que de choses nos ancêtres n'auroient pas devinées?

„ *La Cocarde nationale fera le tour* „ *du monde.*" Ces mots sont devenus proverbe, et la prophétie s'avance et marche à grands pas.

Chapitre LXIX.

Impartiaux.

C'est ainsi qu'on appeloit au commencement de la révolution, ces hommes qui n'ayant point d'idées à eux, n'osent pas adopter celles des autres, de peur de se compromettre, et finissent par être l'objet de la risée de tous les partis.

Quelques personnes étoient ou feignoient d'être embarrassées (en 1789), pour savoir combien font six et six. Elles s'adressèrent à un député du *côté gauche* : il répondit : *Six et six font douze.*

Qui n'entend qu'un parti n'entend rien, s'écria un penseur : *écoutons un député du côté droit.*

La question est proposée à cet honorable membre. Celui-ci, après avoir mûrement réfléchi, répond: *Six et six font quatorze.*

Nouvel embarras. On consulte un membre du milieu de l'Assemblée.

Combien, demande-t-il, *vous a-t-on dit à gauche? — Douze. — Et combien à droite? — Quatorze.*

— *En ce cas, six et six font treize: vous voyez que je suis impartial.*

CHAPITRE LXX.

Sensiblerie.

Quelque tems avant la révolution, les gens du *bon ton* avoient adopté une certaine philosophie *sentimentale*, qui étoit l'art de se dispenser d'être vertueux. Cette philosophie avoit son jargon, sa sensibilité, son accent, ses gestes même. Le zèle simulé, les modulations tendres, les expressions affectueuses qui composoient l'extérieur des personnes de la bonne compagnie, au récit d'une action immorale ou des disgraces de la vertu, ont fait donner à cette sensibilité feinte et stérile le nom de sensiblerie.

CHAPITRE LXXI.

Gravure.

Si l'on eût dit à des ingénieurs : il faut prendre la bastille ; ils auroient tracé des lignes, ils auroient attaqué dans toutes les règles, et la forteresse royale seroit encore debout. Les Parisiens s'avisèrent de croire que le moment étoit venu de s'emparer de la bastille, et ils s'en emparèrent ; ils firent blanchir de peur tous les visages de la cour ; une lanterne devint le tombeau du despotisme, et une pique le signal de la liberté : on se tut à St.-Denis, où étoit le camp qui devoit nous égorger ; on se tut à Montmartre, où le canon devoit ronfler ; on se tut enfin par-tout ; et le gentilhomme entiché de sa noblesse, qui ne désignoit Dieu que par ce titre: *le gentilhomme de là-haut*, prit la fuite en comptant bien revenir avec toute la noblesse de l'Europe.

On vit alors une gravure qu'on a distinguée dans la foule de celles qui tapissoient les murs: elle représentoit la boutique d'un perruquier où se trouvoient plusieurs personnes de différentes conditions; on lisoit au bas: *Je rase le Clergé, je peigne la Noblesse, j'accommode le Tiers-Etat.*

Un ci-devant seigneur disoit à un de ses ci-devant vassaux: allons, mon pauvre Mathurin, nous sommes égaux, nous pouvons manger à la même écuelle... — Ah! Monsieur, répondit le paysan, nous ne fumerons pas à la même pipe!

Buvez du *ratafiat d'Orléans* et du *riquiqui*, et souvenez-vous que le plus vieux est le meilleur: ce dicton étoit dans toutes les bouches.

Chapitre LXXII.

Décret.

Ce mot ne se trouvoit guères autrefois que dans des ouvrages ascétiques ou composés par des gens d'église. Ouvrez *l'histoire universelle de Bossuet*, où ce grand homme prodigue son génie en pure perte, et vous y verrez souvent que, d'après les *décrets* de la divine Providence, tous les événemens qui composent l'histoire de tous les peuples du monde, n'arrivoient précisément que pour instruire, récompenser ou punir la petite horde de brigands, qu'on appeloit les Hébreux.

Ce n'est qu'aux représentans du peuple qu'il est permis de faire des *décrets*: les autres autorités constituées font des *ar-*

rétés; les communes font des *adresses;* les citoyens font des *pétitions.*

La Convention faisoit des décrets; le corps législatif ne fait plus que des lois.

Chapitre LXXIII.

Monarchien.

C'est le nom donné par le peuple aux membres d'une faction qui se réunissoit en société, présidée par un évêque, pour travailler en commun à rassembler les débris de la monarchie. Un membre de ce club *Monarchien* écrivoit à un de ses correspondans: „Mon ami, je ne mourrai „content que lorsque j'aurai bu du sang „d'un patriote.“ Tel étoit le genre des plaisirs de ces *Monarchiens*, qui entre eux s'appeloient *modérés*.

CHAPITRE LXXIV.

Rubans.

Espèce de licol de toutes couleurs, que ceux qu'on appeloit *souverains* attachoient à leurs esclaves pour être sûrs de leur obéissance.

Nous avons vu à Paris, un petit souverain Allemand qui, de la prison où il étoit pour dettes, avoit fait une boutique de *rubans* ponceaux, grands, moyens, petits, qu'il vendoit à juste prix à des aventuriers ou à des sots. Cela s'appeloit *l'ordre de Limbourg*. Qu'il y a loin de-là au *Ruban* tricolor que le Français libre porte avec une juste fierté!

Pour séparer le jardin du château des Tuileries qu'occupoit Louis le traître, de la terrasse des Feuillans où le public se rassembloit, le peuple tendit le long de cette terrasse un simple *ruban*, et cette barrière fut respectée; personne ne la franchit. Du canon n'auroit point produit cet effet. C'est que le peuple obéissoit à une loi qu'il s'étoit lui-même imposée.

Chapitre LXXV.

Emissaires.

Scélérats habiles que les cours étrangères ont vomis dans notre sein, et qu'elles tiennent à leur solde. Ils rodent autour de nous; ils surprennent nos secrets; ils caressent nos passions. Êtes-vous foibles? ils louent votre prudence: êtes-vous prudens? ils vous accusent de foiblesse. Ils appellent votre courage témérité; votre justice cruauté. Ménagez-les, ils conspirent publiquement: menacez-les, ils conspirent dans les ténèbres. Hier, ils assassinoient les défenseurs de la patrie, aujourd'hui ils se mêlent à leurs pompes funèbres et demandent pour eux les honneurs divins, épiant le moment de poignarder ceux qui leur ressembleront.

CHAPITRE LXXVI.

Chevaliers du poignard.

C'est le nom qu'on donne à une poignée de brigands portant la *Croix de Saint-Louis*, qui le 28 Février 1791 (*style esclave*), se rendirent au château des Tuileries pour enlever *Capet*, et qui furent chassés ignominieusement par la garde nationale.

Le colonel de ** fut bourré par un garde national, autrefois son valet de chambre: pourquoi donner des coups à *Monsieur*, lui demanda son capitaine? — *Donner!* répondit le soldat; *je ne donne pas; je ne fais que rendre.*

Un autre de ces *Messieurs* qui avoit été mené rudement dans la même journée, se trouvant quelques jours après à l'Opéra, quelques-uns de ses amis lui firent compliment de condoléance. *Mordieu!* s'écria-t-il, *les coups de pied que j'ai reçus dans le cul, ne me sortiront jamais de la tête, et la garde nationale ne mourra jamais que de ma main.*

Chapitre LXXVII.

Tribune.

Celle de nos Assemblées nationales sera aussi célèbre dans la postérité, que les tribunes qu'occupèrent *Démosthène* et *Cicéron* à Athènes et à Rome; et si je ne craignois pas qu'on m'accusât de vanité nationale, j'affirmerois qu'elle le sera, et qu'elle méritera de l'être beaucoup plus, par le rétablissement réel de l'homme dans ses droits que toutes les nations vont reconnoître.

Ce bienfait envers l'humanité en obtiendra les hommages dans tous les tems et dans tous les lieux.

Avant la révolution on ne connoissoit que le crime de lèze-majesté divine ou humaine; celui qui avec un gand de fer donna un soufflet au Pape, étoit coupable de lèze-majesté divine. L'infortuné *Latude* pour avoir déplu à la *Pompadour* fut coupable de lèze-majesté humaine. Nous regardons maintenant comme un crime de *lèze-nation* tout attentat contre la gloire ou le bonheur de la République Française.

Je ne parlerai pas des traits d'éloquence qui ont étincelé si souvent dans cette tribune: l'Europe a lu et lit tous les jours ce qui s'y dit; et l'on peut la comparer à un volcan qui lance la flamme, la lave, les pierres et la fumée; mais ce volcan est dans une explosion, pour ainsi dire, perpétuelle, et ses flancs sont intarissables. Comme il s'est fait un changement prodigieux dans les circonstances actuelles, notre éloquence a pris un nouveau caractère.

Ce n'est pas sans doute le ton académique, ni le goût ni la pureté du style; mais il y a eu un débordement d'idées de toute espèce, de connoissances et de vues nouvelles, je ne sais quelle impétuosité que l'on ne rencontre chez aucun peuple, enfin une multitude de talens qui avoient quelque chose de dur et d'agreste, mais qui convenoient à l'ordre politique, et tandis que leur morale avoit ses éclipses, l'éloquence proprement dite avoit les siennes.

L'état de la Convention devint presque un état de nature, tant les hommes y changèrent leur logique, leur langage et leurs idées antérieurs. Aucun orateur n'y reçut d'autres chaînes que celles qu'il voulut se donner. Il y a plus d'esprit dans un gouvernement libre; le peuple est mieux instruit ou du moins il y est plus hardi dans le développement de ses idées ; d'ailleurs un seul citoyen réunissant différentes professions, son génie en est alimenté; il a plus de fécondité, de ressources. On voit encore avec étonnement des entreprises et des monumens de petites républiques comparables à ceux des plus grands royaumes. Si quelqu'un s'en étonne, il n'a jamais éprouvé le sentiment de la liberté; il ne devine point ce qu'il peut opérer avec les plus foibles moyens. Et que sera-ce donc des destinées de la République Française qui a commencé par marquer l'ère des gouvernemens représentatifs, qui cultive la pépinière de toutes les républiques futures, et qui constatant et renforçant la dignité de l'homme, reconciliera l'espèce humaine avec le regard des anges.

Que restoit-il à faire à la toute-puissance du Créateur pour rendre l'homme aussi parfait qu'il pouvoit l'être? Rien, si ce n'est de lui laisser le mérite du choix de la liberté, après lui en avoir inspiré le sentiment.

Les Suisses reviennent toujours sur le bord de leurs lacs, parce qu'ils y jouissent d'une sorte de liberté qui, quoique imparfaite, l'emporte sur celle de beaucoup d'autres peuples; bien différens en cela des Gascons qui quittent très-volontiers leur pays pour n'y jamais retourner. Désormais les Français ne feront que passer chez les autres peuples, et ne verront rien de plus admirable que leur pays ainsi que leur gouvernement.

Qu'on en juge par les soupirs profonds, les gémissemens et les regrets de nos émigrés. Ils ne monteront jamais à cette tribune où la voix de celui qu'ils dédaignoient se fera entendre, où elle peut immortaliser son nom, et où (ce qui est encore plus doux à concevoir) elle peut augmenter la splendeur et la félicité de la patrie.

Qui n'est pas orateur? qui ne songe pas à être orateur après cette grande et heureuse perspective? Aussi c'est à qui s'exercera à l'art de la parole dans les *clubs*, dans les sociétés patriotiques et jusques dans les tripots littéraires: on y imite en petit la formation du corps législatif; on y crée un président, une sonnette et des secrétaires; on y *demande la parole*; on y fait des *motions*, des *amendemens*, on consulte la majorité; et comme dans les grandes assemblées, la minorité toujours plus active, plus opiniâtre et toujours mieux liée, l'emporte le lendemain.

Mais hélas! dans cette même tribune, l'aigle armé de ses foudres et l'oison battant stupidement de l'aîle, y ont paru le même jour, et quelquefois côte à côte. Mirabeau et Laurent Lecointre y ont fait entendre également leur voix. Le républicanisme parloit par l'organe des Vergniaud et Guadet; le royalisme par celui des Vaublanc et Dumolard. Le royalisme sous tous ses masques a déshonoré la tribune du Sénat français; elle a retenti des vociférations de ces hommes pervers qui y allumoient les brandons qu'ils vouloient jeter au loin dans les villes et dans les campagnes. Là, on a donné le signal du fanatisme; là on osa légitimer les assassinats du midi; là enfin, on méditoit de commencer le grand procès de la révolution et de la liberté.

Elle fut souillée en Prairial par les restes impurs de Marat, et sans l'époque du 13 Vendémiaire, les anti-républicains auroient fait disparoître les signes de la liberté.

La tribune fut le point de ralliement de ceux qui attaquèrent et défendirent la liberté. L'ineptie audacieuse y eut des triomphes d'un jour, mais le lendemain elle étoit renversée. L'astuce et la perfidie y furent démasquées au moment où elles comptoient nous subjuguer.

La lutte y fut constamment terrible et grande: l'intrépidité du crime y remonta l'énergie de la vertu: les mensonges, les fausses attaques, les menaces, les violences des conspirateurs, rien n'intimida les courageux ennemis de la monarchie. En vain se détendoient les ressorts du gouvernement républicain; il reprenoit sa force et sa majesté et triomphoit des orateurs royaux: ils furent tous écrasés en talens comme en vertus. Et lorsqu'il ne restoit plus que quelques législateurs encore fidèles à la cause du peuple; tout-à-coup le génie républicain opposa une résistance dont l'histoire d'aucun peuple ne fournit d'exemple: il commanda le 18 Fructidor qui devint une des plus belles comme une des plus étonnantes époques de notre liberté. Jour heureux et mémorable, tu ne coutas point une larme à l'humanité; tu fus grand et sans tache!

C'est de cette tribune qu'est sortie la voix, qui dans l'espace de six années a créé des soldats et des généraux, amis constans de la victoire; c'est cette voix puissante qui a organisé la grande Nation, et qui lui a donné une base majestueuse en exaltant tous les genres de courage; c'est enfin de cette tribune qu'est parti le gage du combat jeté sur les rives d'Albion, de ce dernier combat qui sera terrible, décisif, et qui ne signera qu'au pied de la tour de Londres le pacte de la liberté des mers et de la paix du monde. Tous les arts travaillent pour ce grand et généreux effort: il faut qu'il dompte à la fois l'océan et ses tyrans orgueilleux: il faut que le sceptre des mers ne soit plus la propriété d'un seul peuple, et que les Carthaginois modernes soient terrassés.

O liberté! voilà les prodiges émanés de la tribune, et qui ont expié les discours de ces esclaves ou frappés de mépris ou vomis loin de nous par l'exil. Si les cœurs s'attiédissoient, ou s'ils ne ressentoient plus ce feu sacré qui anima tant de fois ceux qui ont dit: *Non jamais, ne pactisons avec la tyrannie;* si le moindre doute sur nos destinées glorieuses pouvoit ébranler un moment le courage des Français, ah! ce seroit de cette tribune que partiroit encore le cri qui rendroit à l'homme sa dignité naturelle.

Chapitre LXXVIII.

Emprunt forcé.

La définition de ce mot est écrite sur le front rembruni de tous les richards. Sous l'ancien régime, les nobles opulens ne couchoient guères avec leurs femmes, que la première nuit de leurs nôces, pour avoir un héritier. Ils regardoient comme une manie digne de ce qu'on appeloit la bourgeoisie, le desir de féconder leur ménage.

L'emprunt forcé a fait un miracle : il a rappelé la Noblesse opulente, et même la haute bourgeoisie qui en est toujours le singe, aux sentimens de la nature.

C'est à qui maintenant pourra prouver le plus d'enfans, afin de contribuer le moins possible. Et qui doute que les femmes de ces Messieurs ne contribuent par tous les moyens, à seconder leurs vues? *).

---

*) Il n'est ici question que du premier *Emprunt forcé.*

Chapitre LXXIX.

Le Cabinet britannique.

Ce que nous avions annoncé s'est réalisé : le Cabinet britannique a cherché à se venger de la perte de ses anciennes colonies, et n'a semblé épouser la cause de Louis XVI que pour mieux le trahir. Qui ne tient pas ce fil, se perdra dans le dédale tortueux de tant de faits contradictoires ; car le Cabinet mit d'abord à profit l'imbécille crédulité de d'Orléans. Indifférent à tous les partis, Pitt favorisa tout ce qui pouvoit amener et propager la division entre les Bourbons.

Le gouvernement monarchique, trop de fois sorti de ses limites, touchoit à son terme, et par sa vétusté et par le déréglement d'une cour qui crut que l'on pouvoit mépriser l'opinion publique. Son imprudent orgueil, nourri d'un mépris altier pour le peuple, se reposoit sur les anciens préjugés qui jusqu'alors avoient fait respecter les sottises et les violences du trône; mais ce que l'opinion a élevé, l'opinion le détruit. Les vices du gouvernement monarchique étoient à leur comble, et il étoit devenu l'objet d'une sorte de risée par l'immoralité indécente des princes qui étoient des espèces de sultans, et sur-tout par la versatilité des plans et des mesures.

La haute Noblesse qui voyoit un bouleversement prochain, crut que c'étoit le moment de ressusciter l'ancien gouvernement féodal dans toute sa splendeur, et de se partager les provinces en gouvernemens particuliers *). Il

*) On avoit pris pour modèle le plan de gouvernement que les protestans voulurent établir en

s'agissoit d'enfermer Louis XVI dans un monastère, à l'exemple de quelques rois de la première race, et ses propres frères auroient été obligés d'y consentir, par la part immense qu'on leur auroit donnée. Pressé de ce danger dont il fut averti, Louis XVI admit le seul contre-poids dont il pouvoit user: il appela les *États-Généraux*, et parut embrasser le parti populaire.

Ce malheureux prince, au lieu de suivre la direction du torrent sur lequel il auroit toujours surnagé, loin de lui creuser un lit, tua toutes les chances heureuses que le destin lui offrit plu-

---

France en 1621; et nous avons le réglement dressé par l'assemblée de la Rochelle, le 10 Mai de la même année: tout le royaume étoit partagé en huit cercles, en y comprenant le Béarn; le duc de Bouillon avoit le commandement général des armées. Ainsi les protestans avoient formé le projet de changer la France en une république; les princes avoient projeté de se créer des souverainetés privilégiées.

sieurs fois, soit pour abaisser tout à la fois cette Noblesse impérieuse qui l'avoit menacé, soit pour contenir le parti populaire dont il s'étoit aidé contre ses ennemis. Il fut trois fois parjure, avec le plus grand intérêt d'être loyal et sincère; il médita la fuite la plus honteuse, la plus déshonorante, la plus dangereuse dont l'histoire fasse mention, se jetant sur une terre étrangère pour y être méprisé, avili, prisonnier, plutôt que de s'accorder avec un grand peuple; il n'eut que les idées d'un marquis à talons rouges, et n'eut pas ensuite un seul instant de courage, et n'en retrouva pas même l'ombre lorsqu'il pouvoit s'échapper, ou honorer sa personne en tombant avec la dignité que reclamoit son caractère. Livré à des idées superstitieuses et à ces conseils plus ou moins ineptes qui en résultent; grossièrement dissimulé, et catholiquement vindicatif, il avoit promis à la religion de punir tous les outrages faits au trône.

Trois mois de franchise et de politique ouverte auroient abattu tous les complots de Pitt, et prévenu tous les désastres qui ont pesé sur la France. Voilà ce qui a rendu la révolution si funeste et si sanglante ; car dans l'origine elle fut calme, paisible ; et si le roi avoit su marcher avec elle, elle auroit emporté les hommages et l'admiration de l'Univers.

Ce fut la résistance insensée, opiniâtre, à des changemens légitimes et impérieux; ce furent les menaces, les imprécations et les projets hostiles du Clergé et de la Noblesse, qui imprimèrent à la révolution un caractère qu'elle n'avoit pas dans l'origine: elle devint terrible, parce que les émigrés furent autant de conjurés; ils appelèrent le bouleversement de la patrie, et rien n'auroit pu calmer ni appaiser leur orgeuil et leur vengeance. Ainsi que le prêtre imposteur tenoit à la plus légère cérémonie, et frappoit du nom d'irreligieux quiconque rioit du *bedaud*, ainsi les nobles n'auroient pas voulu lâcher une pièce de leur blason; ils auroient incendié la France pour un cordon moins large, comme pour leur expulsion entière. Le nouvel ordre, vœu et besoin de tous les Français les faisoit rugir d'étonnement et de fureur: ne rien accorder, et se venger inhumainement de toute demande, voilà quelle fut leur doctrine.

Cependant le Cabinet britannique vouloit la chûte de Louis XVI: il lui fut donc conseillé de s'armer, de conspirer contre l'ordre de choses, de l'attaquer même du fond de son château: dernière imprudence, aussi étrange qu'elle devenoit coupable après la fuite de Varennes. Il se mit ainsi entre deux écueils, et d'autant plus redoutables, qu'ils s'entr'aidoient pour l'engloutir: le simple bon sens auroit dû lui dire que l'inertie étoit toute sa force, et qu'il ne devoit pas sur-tout suivre les plans des ennemis extérieurs, qui pour favoriser le projet le plus barbare, vouloient exterminer les Français au nom de leur chef.

Il donna lui seul, par ses perfidies multipliées et par ses erreurs monstrueuses, il donna naissance au gouvernement républicain, auquel on ne songeoit pas: et c'est ainsi qu'une plante saine et vigoureuse, encore cachée dans la terre, repousse une plante pourrie qui tombe en poussière; la plante nouvelle accroît sa force des débris de l'ancienne.

Les gouvernemens s'usent, mais une fois décomposés, ils sont dans l'impossibilité de se régénérer sous la forme qu'ils ont perdue. C'est l'Anglois qui a voulu nous perdre, et c'est l'Anglois qui nous a sauvés; c'est par la coalition des rois qu'il nous a préservés des rois. C'est le traité de Pilnitz qui a mis debout la nation entière; c'est le roi de Prusse dans les plaines de la Champagne, qui a enfanté le spectre révolutionnaire.

Le peuple anglais dans un tems, sut juger et condamner son monarque;

il a trouvé mauvais que le nôtre fût jugé et condamné; c'est qu'il s'attendoit à en faire parmi nous un sujet éternel de discordes, et de nous écraser l'un par l'autre. Le gouvernement monarchique étant identifié à un homme, cet homme devoit nécessairement disparoître lors de la naissance du gouvernement républicain: toute autre mesure auroit impliqué contradiction et préparé des chocs interminables. Il nous a fallu nous reposer dans la république, forme d'abord orageuse; mais qui après la première fermentation, prend une assiette difficile à rompre.

Les Anglois ont supporté honteusement la longue dictature de Cromwel; nous, nous avons eu une pépinière de Cromwels; mais toujours politiquement et audacieusement éclairés, nous les avons tous brisés l'un par l'autre; et si la nation avoit écouté l'appel et la généreuse protestation des soixante-treize députés, dont je m'honorerai toujours d'avoir été du nombre, en punissant les provocateurs du 31 Mai, la France étoit dès-lors sauvée des coups de l'artificieuse Angleterre, et les échafauds de Robespierre n'auroient jamais été dressés.

Oui, c'est l'Angleterre qui a assassiné les vingt-deux représentans du peuple, et qui préparoit la mort des soixante-treize, parce qu'ils étoient de vrais républicains, qu'ils connoissoient les trames de Pitt, et qu'ils étoient les ennemis déclarés de cette puissance insolente.

Ce qui le prouve, c'est que l'infortuné Brissot, tant calomnié, et qui dédaigna constamment une popularité remarquable, animé par le plus pur patriotisme, ne se trompa jamais dans son aversion contre l'Angleterre; et que loin d'être le stipendiaire de Pitt, qu'il attaqua face à face par sa déclaration de guerre à la Grande-Bretagne, jamais homme ne vit mieux que lui qu'il n'y avoit qu'un instant pour frapper, et il accusa par cet acte solennel, qui retentira dans la plus lointaine postérité pour honorer enfin son nom et sa mémoire, il accusa la lenteur, le défaut d'énergie de ces populaciers, qui en criant qu'il falloit renverser tous les trônes de l'Univers, restoient muets par ignorance, et impassibles par lâcheté.

Ce fut cet acte de patriotisme et de courage qui déconcerta le parti anglois auquel Robespierre tenoit; car quand tous les voiles seront déchirés, on verra que les plus cruels des hommes en étoient encore les plus infâmes, et qu'ils pactisoient avec l'ennemi éternel de la France pour se ménager ou un appui ou une retraite: tant le crime aveugle les scélérats!

Le principal moteur de la guerre offensive, ou celui qui à la tribune l'a fait déclarer à l'Angleterre, mérite notre reconnoissance. C'est un crime que les royalistes imputent aujourd'hui à la Convention, dont il est facile de l'absoudre, et qu'on peut même aisément tourner à sa gloire: elle a sauvé, ce jour-là, la république d'une invasion prochaine et méditée de la part des puissances étrangères; car le traité de Pilnitz préparoit le déchirement et le démembrement de la France. Et c'étoit le chef des Français, qui pour regagner je ne sais quelle ombre d'autorité, tandis qu'il pouvoit jouir d'une autorité réelle, avoit accédé à ce traité honteux! Tant les rois sont les plus acharnés ennemis de la patrie, pour peu que leur orgueil soit offensé.

Quel étoit le but de la Convention, en provoquant nos hostilités? Celui de profiter habilement de l'enthousiasme du peuple Français, de ces élans passionnés, sublimes, qui signalent les premières époques de l'indépendance d'une nation. Falloit-il attendre que l'ennemi, inondant notre territoire, donnât le signal du combat? N'étoit-il point plus avantageux, plus digne de nous, de prévenir une rupture que tant de trahisons, de perfidies rendoient inévitable? Nos émigrés qui avoient fui dès les premiers jours de la révolution, lorsqu'elle étoit encore intacte, pure et solemnelle, ces lâches émigrés qui sont la véritable cause des convulsions affreuses de l'intérieur, en prenant le parti le plus anti-politique et le plus funeste même à leur cause, jouissoient de la protection la plus étendue, en attendant qu'ils fussent sacrifiés à Quiberon par le plus insigne fourbe qui ait figuré dans l'histoire. Déjà les rassemblemens se formoient sur toutes les frontières de la république; et si l'ennemi eût différé encore à nous attaquer, c'est qu'il auroit attendu que nous eussions été minés par les dissentions intestines. En effet; que l'ardeur de notre jeunesse se fût ralentie, il nous eût fait couler dans l'inaction ces jours décisifs, où pleins de l'ivresse de notre indépendance, frappés d'objets nouveaux, extraordinaires, embrâsés en quelque sorte d'un feu électrique, nous étions capables des plus grandes choses. C'est à la guerre offensive que nous avons dû nos conquêtes, nos brillantes victoires; c'est par elle que nous avons forcé l'Europe à trembler: trois mois plus tard, il n'étoit plus tems.

Vainqueurs de Gemmapes, de Fleurus, guerriers qui avez arboré sur la cîme du Mont-blanc l'oriflamme tricolor, c'est à vous que j'en appelle; vos lauriers, vos succès déposent en faveur du *décret* dont nous attestons la prévoyance et la haute sagesse. Le Belge affranchi, le Batave rendu à la liberté, l'Allobroge devenu Français, le chemin de l'Italie ouvert à nos intrépides soldats; voilà les fruits de la guerre offensive: et les mêmes hommes qui en ont fait un crime à la Convention, prétendoient qu'on devoit renverser tous les trônes et couvrir l'Europe de républiques. Beau projet sans doute, s'il étoit possible de le réaliser, et si ceux qui l'avoient conçu ou plutôt qui en parloient, n'avoient pas fait subir à leur pays le plus honteux esclavage!

Et quand la Convention nationale voulut que la France se déclarât contre l'Angleterre, c'est qu'elle sentit qu'il n'y avoit, qu'il ne pouvoit y avoir jamais aucune réconciliation entre les royalistes et les républicains; des élémens si opposés ne s'unissent point. L'Angleterre avoit arboré les trois fleurs-de-lys contre la cocarde tricolore. La nation Angloise étoit devenu anti-républicaine, non certes par conviction, mais pour nous donner de nouvelles preuves de sa haîne jalouse: car si l'Angleterre fut l'ennemie constante de la France-monarchie, elle le fut encore plus de la France-républicaine. Elle vit qu'elle ne pouvoit pas profiter long-tems de la supériorité que lui donnoient les restes de liberté incertaine dont ses citoyens jouissent encore.

L'ardente jalousie de cette nation n'est-elle pas empreinte dans toutes les pages de notre histoire? Ouvrons-la, nous trouverons que c'est du sein de cette île que sont sorties depuis plusieurs siècles la plupart des calamités qui nous ont affligés. En tout tems sa politique active et ténébreuse fomenta parmi nous les divisions. Elle sut toujours sourire au parti le plus habile à déchirer le sein de la France. Sans remonter à des époques éloignées, le siècle présent ne nous offre-t-il pas un enchaînement de faits incontestables qui accusent le Cabinet de Saint-James, et le condamnent au tribunal des nations ?

Si nous avions dévoré en silence les outrages de l'Angleterre, dissimulé ses attaques souterraines, si nous nous étions obstinés à garder des ménagemens pusillanimes, eût-elle moins fomenté la révolte de nos colonies, alimenté nos discordes, fourni des armes et des munitions aux rebelles de l'intérieur, fait couler ses trésors dans les mains des puissances coalisées, et jusques dans celles des royalistes obscurs soudoyés à Paris pour aiguiser les poignards? Elle n'a pas rougi de contrefaire notre papier-monnoie, sans songer que cet exemple étoit le signal de la ruine de sa banque.

Sans doute la Convention nationale ne prétendoit pas que nous pouvions attaquer ou détruire sa marine dans toute sa supériorité; mais il étoit en notre pouvoir alors de tenir l'équilibre, et il est notoire que c'est à l'impéritie des gagés de l'Angleterre que nous avons dû les revers que nos flottes ont essuyés.

Eh! disions-nous alors, n'avons-nous pas des ressources aussi abondantes que celles des Anglois pour créer des vaisseaux, pour former des marins? N'est-il pas surprenant qu'une nation qui possède les plus beaux ports de l'Océan et de la Méditerranée, qui a des colonies, un commerce étendu, des armateurs intrépides, ainsi que la plus grande partie des matériaux de construction, ait négligé cette branche essentielle de grandeurs nationales? Le génie actif du républicanisme vouloit que nos armées navales égalassent nos armées de terre en force et en succès. Il entroit bien dans ses vues et dans ses projets de répandre sur les mers ce même enthousiasme patriotique qui menoit au pas de charge la baïonnette républicaine.

Oui, je l'atteste, car j'en ai été le témoin; le génie avoit médité un vaste plan qui eût tendu à resserrer dans d'étroites limites cette orgueilleuse marine, qui depuis trop long-tems humilie insolemment ses voisins; le génie avoit bien prévu que quand nous aurions écrasé la coalition entière, nous n'aurions fait que peu de chose encore, si nous ne parvenions à détruire l'influence britannique. Guerre, guerre éternelle aux Anglois jusqu'à ce qu'ils soient obligés à se taire devant nous. Paix avec toutes les puissances excepté avec l'Angleterre. C'est ainsi que nous devons nous venger des longs, des ténébreux, des atroces attentats de notre ennemi naturel.

Nous l'avions prévu, et chaque jour le confirme, que l'Angleterre n'avoit pu voir sans un sentiment de fureur, s'élever à côté d'elle une puissante république qui, par l'étendue de son territoire, la richesse de son sol, la valeur, l'industrie de ses habitans, devoit nécessairement l'emporter sur toutes les nations Européennes. Un mauvais gouvernement paralisoit notre génie expansif, et avoit rendu nuls jusqu'ici tous les biens dont la Nature nous avoit comblés. Le despotisme, comme le soleil de la zône torride brûloit et desséchoit les terres les plus fécondes; mais le Français républicain alloit réparer ces jours de servitude et d'inaction, et s'élever rapidement au zénith de la prospérité : l'Anglois sut apprécier ce mouvement régénérateur; il en frémit de rage et il employa contre nous tous les moyens affreux dont il pouvoit faire usage.

Il est prouvé que ce fut en propageant les idées sur les noirs et les hommes de couleur, qu'il alluma la torche qui embrâse nos colonies, cette même torche qu'il avoit eu soin d'éloigner des siennes. Ce fut en outrant, en corrompant parmi nous les opinions philosophiques, qu'il rejcta habilement sur les écrivains sensibles qui donnoient des larmes au sort de l'esclave, les emportemens auxquels il se livra dès qu'il eut brisé ses fers.

On sait aujourd'hui que le royalisme constamment protégé par l'insidieux Pitt, se ménageoit une retraite dans ces riches contrées, et que du choc de trois partis, résultèrent ces sanglantes calamités, parmi lesquelles toutes les ambitions furent trompées. Que dis-je; l'histoire publiera qu'on avoit formé jusqu'au projet d'embarquer Louis XVI pour Saint-Domingue *); et de-là, nouveau Pharamon,

---

*) Il devoit partir de Paris dans un bateau de charbon, s'arrêter à Rouen dans la maison de Liancour, et de-là cingler vers le nouveau Monde. Faute de munitions on avoit pilé de-

il devoit appeler, rallier, concentrer ses nobles et ses fanatiques, et opposer une France nouvelle à l'ancienne France: tout le sang qui a coulé, n'est que le résultat de ces coupables et odieux préparatifs.

L'Anglois savoit encore que les fausses et extravagantes idées vont toujours gagnant les parties basses du corps social, et le remplissent de passions déréglées; qu'il n'y a pas de si dangereuse tyrannie que celle du peuple; que ce sont ordinairement les plus factieux qui s'emparent de l'autorité; qu'alors les plus vils habitans d'une cité ont le droit et le pouvoir de nuire aux plus vertueux citoyens; que les esprits bornés se portent toujours aux extrêmes; que la démocratie enfin se change si facilement en anarchie, que jamais la vertu et le cou-

---

bouteilles de verre pour charger les canons protecteurs de sa fuite.

rage ne se sont trouvés sur un précipice plus glissant que dans une fermentation politique de cette nature: et l'Anglois organisa le 31 Mai comme devant amener la sanglante dictature. Ainsi, tous les hommes atroces qui poursuivirent tous les républicains, furent les agens ou les instrumens des puissances étrangères, mues par le Cabinet britannique. Le fil de toutes les conspirations y aboutit; et sans la bravoure de nos armées et l'union invincible de nos soldats, c'en étoit fait de la France.

L'histoire enfin développera ce que nous ne faisons qu'indiquer ici. Toutes les factions furent caressées, parce qu'elles ne pouvoient que nourrir les troubles politiques; sous tous les masques et sous toutes les livrées, l'Anglois souffla la discorde, et éternisa l'empire de l'anarchie: Louis et d'Orléans, Robespierre, Babœuf et Puisaye, les partis les plus opposés lui conviennent, pourvu qu'ils portent obstacle au ralliement des

Français autour du gouvernement républicain : et je le demande, si notre cri éternel ne doit pas être : *Guerre à l'Angleterre ;* dussent tous nos bras métamorphoser toutes nos forêts en un pont qui nous portera jusqu'au pied de la tour de Londres, seul endroit où il soit de notre dignité et de notre intérêt de signer la paix ! Insensés ennemis ! plus vous voulez ployer le ressort républicain, plus il se détendra avec une force que vous ne soupçonnez pas encore.

Mais nous avons à présent une constitution : elle nous apprend à reconnoître et à détester les ennemis de la République : de quelque voile qu'ils s'enveloppent, nous reconnoîtrons les amis des rois ; et l'histoire, l'expérience, l'intérêt général, nous feront assez comprendre que l'on ne combat point des êtres aussi féroces avec de la patience et de la philosophie.

Dès qu'il s'agit de la violation des lois, ou de l'ordre ou des principes de l'humanité, leur génie infernal se trouve promptement d'accord; mais nous, nous aurons aussi le génie de la République; et les intrépides soldats de la patrie, unis aux écrivains vertueux, imposeront bientôt silence à tous ces libellistes soudoyés, qui ayant commencé depuis long-tems en idée, l'ouvrage des vengeances royales, voudroient finir par écraser la nation sous l'horrible pesanteur des trônes européens. Un tel aveuglement est trop monstrueux, pour qu'on ne puisse pas supposer dans ces écrits des ames abjectes ou des plumes vénales.

Chapitre LXXX.

Prêtre constitutionnel.

C'est ainsi qu'on appeloit au commencement de la révolution l'ecclésiastique, celui qui avoit fait le serment d'observer la constitution civile du Clergé, décrétée par l'Assemblée nationale. Dans le tems qu'elle existoit, Madame fit publier que tous les jours, il y auroit chez elle à son dîner deux couverts, pour deux prêtres qui n'auroient pas fait le serment civique. Son cuisinier apprenant l'invitation de sa maîtresse, dit : „Les mauvais „prêtres n'ont qu'à venir; je leur pré„pare un régal meilleur qu'ils ne pen„sent : j'écrirai le serment civique

„ dans de petits billets qui seront enfermés
„ dans de petits pâtés. S'ils ne veulent
„ pas prononcer ce serment civique, ils
„ l'avaleront du moins. "

Chapitre LXXXI.

Procès de Louis XVI.

„Une nation entière trop confiante a été trahie par son chef. Louis XVI, dédaignant d'être roi d'un peuple libre, s'est couvert d'une dissimulation profonde afin de se resaisir du sceptre despotique, pour terrasser d'un seul coup la moitié du peuple, et paraliser l'autre. Il s'est environné de conspirateurs; il a écouté de préférence et comme par instinct, des conseillers pervers, et a malicieusement écarté tous les bons.

„Il n'a pas rougi, au champ de la fédération, de rendre témoin de son parjure tout le peuple Français rassemblé; il n'a pas craint d'appeler en même-tems l'étranger sur notre territoire pour étouffer la liberté naissante.

„Furieux de n'avoir pu incendier Paris en 1789, obstiné dans son ressentiment profond, il médita depuis tous les plans, tous les projets de sang, capables de l'assousir; et lorsque son peuple, convaincu de sa perfidie, oublioit généreusement ce forfait abominable, le monstre couronné calculoit avec le sang froid d'une ame astucieusement concentrée, les mesures les plus efficaces pour l'égorger.

„Tombé dans ses propres piéges, et voyant arriver le jour de la justice, il veut interpréter en sa faveur quelques mots d'une constitution qu'il a déchirée: il veut nous dire que dans le pacte social, nous lui avions permis d'assassiner la nation, et qu'il avoit le droit d'armer des satellites étrangers, sans qu'on pût en rendre responsable sa tête couronnée. Ce genre de défense est un nouveau délit, un outrage fait à la raison humaine. Lorsqu'il n'y avoit pas encore de lois contre les enfans parricides, parce que le législateur n'avoit pas conçu la possibilité d'un tel crime, les enfans qui avoient tué leur père devoient-ils être renvoyés absous? Pouvoit-on supposer dans le texte de la constitution, un roi conspirateur, incendiaire, assassin, parricide?

„Il paroît donc bien étrange qu'on veuille juger Louis XVI ou par la constitution qui n'existe plus, ou par le code pénal. Ses crimes sont notoires. Les frontières ont été inondées de sang; le sang des Parisiens et des Marseillois a baigné les murs de ce château infernal, d'où le démon du despotisme a vomi mille morts.

„Les lois politiques seules doivent punir ses crimes d'une nature extraordinaire et dans une crise extraordinaire. Tout ici est nouveau, terrible, nécessaire. C'est le procès d'une nation outragée et d'un roi coupable.

„Les lois politiques qui appartiennent aux grandes sociétés et qui les modifient incessamment, ne sont plus celles du droit naturel ni du droit civil: elles veillent à la conservation du tout; et n'ayant point d'autre but, elles ne sont point soumises à tous ces mots équivoques au moyen desquels, on soutient également le pour et le contre.

„Ce sont les lois politiques qui ordonnent la guerre, qui font brûler la maison où seroit enfermé le germe de la peste, qui protègent l'écu du millionnaire contre la main du nécessiteux qui le convoite; qui après la mort d'un homme, ordonnent la mort d'un autre. Ces lois politiques par leur nature et par leur utilité s'élèvent dans toutes les grandes circonstances, et conviennent sur-tout au jour de la tempête. Ce sont les lois politiques qui avoient voulu l'inviolabilité du roi, afin qu'il fût impassible dans l'exercice de ses sublimes fonctions. Les mêmes lois politiques ont prononcé la déchéance de la royauté, parce que la royauté alloit opérer la dissolution de l'état, et qu'il n'y avoit plus de milieu entre la désorganisation et la république. Ainsi, ce n'est plus la jurisprudence qu'il faut suivre, puisque c'est l'insurrection qui a dit: *Abattez le pouvoir.* La Convention n'a pu ni déléguer cette autorité, ni créer un tribunal.

„ Consultons donc les lois politiques, et mettons de côté les lois abusives et chicanières. Les fondateurs de la liberté ne doivent point s'engager dans des questions tortueuses et les ambages du barreau. Une philosophie trop timorée, comme le cri féroce du maratisme, nous égareroit en ce moment.

„Qu'exige le rétablissement de la république, qu'exige l'intérêt national? Je vois d'un côté une nation, de l'autre un individu. Cet individu mérite la mort, puisqu'il a compromis la sureté publique et qu'il a été l'ennemi de la patrie: mais cet individu quoique déplacé de sa sphère rayonnante, est encore un Demi-Dieu pour des adorateurs fanatiques. Les autres voyent en lui le dépositaire de richesses immenses qu'il distribuoit à ses favoris; et ils voudroient rétablir le dépositaire. Tous ceux qui aiment l'or, regrettent le grand distributeur. D'autres se mettent en idée à sa place, et s'intéressent au criminel par la hauteur de sa chûte. Le politique ne voit que le parricide national; il ne balance pas à dire: Le chef de tant de conspirations, à qui le peuple a trop de fois pardonné, ne doit plus rencontrer que des lois inexorables: le roi qui se disoit le *Palladium* de la constitution, et qui agit contre la constitution au nom de la constitution, mérite la mort. La patrie au bord du précipice, crie à tous les représentans du peuple: *A moi, Vengeurs!*

„Sous cet aspect, et le seul que la raison politique puisse offrir, les représentans du peuple ne sont plus des juges; puisque les crimes sont avérés, ils ne sont plus que des vengeurs; ils doivent sans retardement prononcer la peine qu'ils méritent. Les lois politiques d'une nature supérieure exigent que la France ne soit pas livrée à l'incertitude; nous sommes en guerre civile; deux partis se choquent afin que l'un cède à l'autre. Ou la république, ou le despotisme d'un seul! Est-il utile, est-il nécessaire que Louis XVI périsse?

„Je soutiens que le roi est mort, qu'il est enseveli: il n'a plus d'existence politique. Il auroit fallu, et il ne faut encore le considérer que comme étant retranché à jamais de la société; les lois politiques ont tué l'être politique; elles ont fait ce qui étoit nécessaire. Le roi n'est plus qu'un fantôme; et avoir placé sa tête sous la hache de la loi, c'est comme si elle étoit tombée. Après la déchéance de la royauté, il étoit de la saine politique d'écarter ou d'ajourner la peine du ci-devant couronné; car le tems est aussi un législateur qui débrouille les questions les plus épineuses; et la solution du problème étoit dans ce vers de la fable: *Avant ce tems, le roi, l'âne ou moi, nous mourrons.* Mais ce sage parti n'a pas plu au parti désorganisateur: il appelle le trouble, il aime la discorde, il échauffe tout pour produire l'incendie. L'un va jusqu'à dire: Je veux voir sa tête au Carrousel; et il prend ce langage pour celui d'un législateur; l'autre abuse du nom de républicain, sans songer que la république n'est pas encore faite. Le vrai politique dit: Jugez Louis XVI; prononcez qu'il mérite la mort; mais ne prononcez point la peine de mort.

Si Louis XVI n'est plus un être politique pour nous, il l'est encore pour les potentats de l'Europe. Les maximes anti-sociales qui leur font regarder les états comme des métairies, et les peuples comme des troupeaux, ces maximes leur dicteront des impostures nouvelles: ils calomnieront les Français; ils abuseront de l'ignorance de leurs sujets; ils acheveront de verser l'or pour échauffer leurs farouches satellites; le frère du traître sera proclamé régent; le fils roi, son âge et son innocence deviendront dans le lointain des vertus. On sait combien les mots dirigent les hommes: chaque Bourbon se dira propriétaire du trône, et offrira des parties de la France à qui voudra le rétablir. Plus ces prétentions seront extravagantes, plus elles prendront chez des peuples accoutumés à regarder les rois comme des Dieux, sans lesquels rien ne sauroit exister, et qui seuls peuvent donner la vie au corps politique.

„Mais Louis XVI est prisonnier: les princes émigrés oseront-ils dire qu'il n'est plus? Fidèles à leur détestable logique, ils ne veulent que tyranniser sous son nom ou après lui. Les plaines de Châlons violées par les ennemis déposent que Louis est à la lettre prisonnier de guerre: il n'est pas permis d'égorger son ennemi. Si le matin du 10 Août, il fût tombé sous le fer des vengeurs de la liberté, sa mort n'eût point été un crime: elle eût été un grand acte de justice aux yeux de l'Univers: tout étoit légitime alors. Mais la Providence qui me semble avoir disposé tous les événemens de cette grande révolution, ne l'a pas permis; elle semble avoir dit aux Français : Vous aurez une république, et vous aurez en même tems la gloire d'avoir épargné le sang de votre plus cruel ennemi. L'exemple sera le même pour toutes les têtes couronnées : faire tomber celle de Louis XVI, seroit faire croire qu'il est encore redoutable. Il ne l'est plus : l'incompréhensible talisman est brisé. Le meurtrier de la Bastille, de Nancy, de Tournay, des Tuileries, portera sur son front la marque éternelle de sa réprobation; et son pied ne foulera plus la terre vivante de la liberté; il ne jouira pas même du doux plaisir de la contempler. Du fond de son obscure prison, il entendra nos hymnes de victoire : et qui sait, si le remords ne pénétrera point son cœur avec les larmes d'un vrai repentir; si dans la douleur amère qui oppressera son cœur, il ne s'écriera pas : J'étois un insensé, j'étois un barbare: mais les hommes m'avoient fait roi.

„Il faut donc compter pour quelque chose la réaction morale qui détermine toujours les esprits vers la pitié, lorsque la justice a fait couler le sang. Si le roi périt sur un échafaud, cette tragédie partagera l'Europe; elle sera l'origine de débats interminables qui serviront de prétexte contre les Français.

„La captivité prévient ces commotions sanglantes. Ceux qui seroient tentés de se dire rois, ne l'oseront pas; nous n'aurons point de prétendans; on cessera bientôt de s'intéresser pour un fantôme qui doit s'éteindre: il sera dit à l'Europe que l'impunité n'est plus le privilége des potentats."

Tel est à peu près le résumé que je me suis fait sur cette grande question;

et mon opinion fut conçue dans presque les mêmes termes.

Les Girondins vouloient sauver le roi, mais ils ne vouloient pas en même tems perdre leur popularité; et le despotisme populacier exerçoit alors tout son empire; c'étoit à qui le caresseroit. Les Girondins imaginèrent l'appel au peuple, comptant bien qu'en prenant cette route, l'issue du procès auroit une foule de chances favorables; mais ils se trompèrent, et je fis de vains efforts pour les dissuader. Je m'opposai à l'appel au peuple, et je leur dis qu'ils s'enferreroient eux-mêmes. Ils auroient pu être divisés sur la peine capitale: ils se réunirent dans le même vot, et par-là ils composèrent la voix de la majorité, quoique leur dessein secret fût d'épargner à la nation le spectacle d'un roi traîné à l'échafaud.

C'est ainsi que dans les grandes affaires politiques, le raffinement et la dissimulation vous font toucher un but contraire. Je crus de mon côté qu'il ne falloit point ruser, et supérieur à la crainte, ferme dans mes principes, je me séparai dans cette occasion des Girondins que j'avois toujours aimés et estimés. Je votai contre l'appel au peuple, en m'énonçant avec la même franchise contre la peine de mort.

L'examen de cette question me donna une fièvre de quarante-huit heures, et je fis passer par ma tête des volumes de réflexions. J'en tombai malade; et ayant rencontré (à ce qu'il m'a toujours semblé) le point véritable, je ne me cache point de dire que ceux qui ont voté différemment, ont commis à mes yeux *une bévue politique*. Probablement qu'ils n'avoient pas fait les mêmes efforts pour parvenir à la solution de ce grand problême, qui cependant ne sera bien jugé et en dernier ressort, que par la plume du Tacite qu'adoptera la postérité. Quant à moi, j'ai fait mon devoir d'homme et de législateur; et je le fais encore ici, comme écrivain indépendant et libre.

www.ingramcontent.com/pod-product-compliance
Ingram Content Group UK Ltd.
Pitfield, Milton Keynes, MK11 3LW, UK
UKHW020133220726
13923UKWH00001B/144

9 782014 455953

CHARLES D'ESPINEY

L'ART DE VIVRE

AVEC UNE LETTRE

de Son Emin. le Card. MERMILLOD

Ancien Évêque de Lausanne et de Genève

DEUXIÈME ÉDITION REVUE ET CORRIGÉE PAR L'AUTEUR

> Ut absorbeatur quod mortale est
> a vita (II. *Ad Cor.*, V, 4).

NICE

LIBRAIRIE SALÉSIENNE

DU PATRONAGE ST-PIERRE

1, *Place d'Armes*

1892

ŒUVRES DU MÊME AUTEUR

De l'arsenic considéré comme antidote des maladies infectieuses: choléra, variole noire, fièvre typhoïde, typhus des bêtes à cornes, etc, son emploi curatif et préservatif (selon la méthode homœopathique). — Un vol. in-8, pag. 60. 3, 00

Don Bosco. — Onzième édition, revue soigneusement et enrichie de nouveaux faits; ouvrage approuvé par les Salésiens (1891). — Un vol. in-8, pag. 452. Edition de luxe. Prix 3, 00, franco par la poste 3, 60

Préservation et guérison du choléra au moyen de l'arsenic homœopathique. — Un vol. in-18, pag. 34 . . . . 0, 35

L'ART DE VIVRE